一次签单不代表销售成功，
建立可持续交易的关系才显出能力。

销售就是要
情商高

搞定人是签单的关键点！

张超　著

SALE
REQUIRES
HIGH EMOTIONAL QUOTIENT

中国友谊出版公司

图书在版编目（CIP）数据

销售就是要情商高 / 张超著 .—北京：中国友谊出版公司，2017.3

ISBN 978-7-5057-3947-5

Ⅰ . ①销… Ⅱ . ①张… Ⅲ . ①销售学 Ⅳ . ① F713.3

中国版本图书馆 CIP 数据核字（2017）第 003652 号

书名 销售就是要情商高
作者 张 超
出版 中国友谊出版公司
发行 中国友谊出版公司
经销 新华书店
印刷 北京慧美印刷有限公司
规格 880 × 1270 毫米 32 开
6.5 印张 120 千字
版次 2017 年 4 月第 1 版
印次 2017 年 4 月第 1 次印刷
书号 ISBN 978-7-5057-3947-5
定价 36.80 元
地址 北京市朝阳区西坝河南里 17 号楼
邮编 100028
电话 （010）64668676

前言

销售就是要情商高

一切问题都源于人与人之间的关系。

销售人员和客户的关系并不是庸俗的请客吃饭的关系，而是你的产品能否为客户解决实际的问题，让客户对你的产品产生依赖感，对你产生信任。

曾经，我们认为一次销售行为的成功是签大单，现在则不同，要摆脱过去以成交为目标的销售观念：客户是否买一次产品已经不能作为衡量销售人员能力的标准，销售行为的成功在于销售人员和客户建立起可持续交易的关系。

建立这种关系的基础在于你具备高情商，让对方真正信任你。有句话是这样说的：“条件一样，人们想和朋友做生意；条件不一样，人们还是想要和朋友做生意。”

如果你能和客户营造出朋友一样的感觉，你就比你的竞争对手多一个机会。

在这里，我们要强调：营造出朋友一样的感觉，并不等于真正的朋友关系，因为在过往的经验中我们发现，销售人员和客户成为真正的朋友关系是危险的；当你和客户做真的朋友，在面对报价、竞争、合同、利益冲突的时候，你就会十分被动，还有可能因为对方对你的高期待而与你反目。

但是，你可以和客户营造出一种朋友式的感觉。例如，让客户知道你是专业的，你的产品介绍是靠谱的，你对客户承诺的事情能够说到做到，你追求双赢；当对方的工作中出现问题的时候，也许你是他第一个可以打电话咨询的人……要努力建立这样的形象和给对方这样的感觉。

这么做的目的就是让对方下次有需求的时候还是第一个想到你，同时，高情商的销售能和对方保持一种适当的距离：这种距离让对方不至于因为和你距离太近而产生毫无尺度和节制的要求，也不会让对方正是因为和你太亲近了，反而变得随心所欲，让他对你的拒绝变成了一件没有压力的事。

本书提供给你把事情和关系处理得恰到好处的案例，并分析人与人之间的微妙关系和细微差别，帮助你体会情商的实际作用，从而把握好和客户的关系及距离，让每一次的成交变成下一次成交的前奏。

目录
CONTENTS

第一章 观察：在没有机会中找到机会

第二章 影响：在无形中推进成交

第三章 沟通：引导对方说“是”

第四章 成交：关键时刻临门一脚

第一章

观察

在没有机会中找到机会

别用诚实来要求客户

在与人打交道的过程中，人们有时候会倾向于表现出完全相反的自己。正如在对一些产品做功能介绍的时候，所强调的产品功能恰恰是自身最缺乏的。

在销售环节中，销售人员往往因为误听了客户的话而做出了错误的判断，与签单擦肩而过。例如，对方说“我不在乎花多少钱，我在乎的是功能全面”，于是销售人员信以为真，马上放弃对原有产品的推荐，转而向他介绍另一款多功能的产品。

最后，却发现客户在其他销售人员那里买了自己先前介绍给他的产品。

不要完全相信顾客说的话，顾客有时候是盲目的，有时候是不了解自己的，有时候还是具有欺骗性的。

所有购买行为的发生需要你给出一个强有力的理由。

价格绝对是购买过程中的关键因素。如果你观察到顾客听到“价格”的时候，眼神和肢体动作最为紧张，你就该知道，他最在乎的恰恰是价格。

当他对价格不满意的时候，未必会表现出自己是个“小气”的人，他往往倾向于包装自己，以“功能太单一了，想看看其他产品”为借口转移话题。注意，顾客在这样说的时候，他的脚步并没有移动到其他地方，双手还是放在柜台上，或者眼睛还盯着原产品，你可以试探性地再次介绍产品的性价比高在何处，帮他建立购买理由和信心。

好的销售员不仅仅是卖东西，而是帮助顾客买东西。当你观察到顾客的反应后，再去帮助顾客建立购买信心，这样才能让客户心悦诚服地接受产品。

用眼睛观察比用耳朵听可靠，只是眼睛观察到的必须经过大脑的信息分辨与加工，才能够转化为可以指导思路的工具，因为有时候眼睛也会欺骗我们，让我们也会因为误看而不得要领。

有些销售人员常有一些抱怨，例如：为什么我的同事运气总是那么好，专业能力又不强，却能够做出业绩？为什么我的领导对产品的具体功能没有我熟悉，每每他出马却能成交？为什么我的竞争对手没有像我一样勤奋地追踪客户，最后客户却与他签单？

这样的观察是不到位的，事实未必如你所想。

你看到了同事白天的工作，却没有看到他晚上的勤奋准备；你看到了领导对产品细节的不关心，却没有看到他周末依然在拓展圈子；你看到了竞争对手并没有和你同时出现在客户的办公室，也许忽视的却是竞争对手早已经去过了。

所以，只有将眼睛观察到的信息用大脑加工后，你才能够知道下一步正确的做法是什么。

老李从事家用健身器材的销售工作，身边有此需要的朋友都通过他购买。可老李唯独不明白的是，他有个熟人老王，老王看似是有需求的，但是从来没有从他这里买过任何一种健身器材。按说，老李销售的健身器材可比老王办的健身卡要划算多了。

有一次吃饭聊天的时候，老李和我聊起了这件事。

凑巧老王也是我比较“眼熟”的人，我的眼前立即出现了老王的形象。老王在某银行从事理财产品的销售。我参加的很多活动中，总能见到他的身影，包括个人聚会、媒体见面会、产品发布会……他微微发福的身躯总是灵活地在人群中走动，眼神也总是很兴奋、很热切。

但是，我还想起有一次，他在独自等电梯的过程中，很疲惫地看着前方，眼神空洞的样子。老李聊到老王的时候，也很有兴致，他说老王是自己遇到的人中最积极和热爱生活的人。

我问老李是如何看出来的。老李说，每次周末想约老王都约不上，任何一个周末打电话给老王，老王一定早就有安排了。老李说老王过周末的方式才叫真正的“过周末”。老王有健身活动，去郊区钓鱼，国外有画展了，他还要去看画展，还会去打高尔夫球……

我问老李：“他的时间分配得这么充实，都是和家人一起度过的吗？”

老李叹口气说：“老王的生活中几乎没有家人。”

我便对老李说：“也许，老王永远不会买你的健身器材。你转换一下推销思路，也许对你和老王都有好处。”

后来，事实证明，这次判断对老李还是有启发的。过了一段时间，老王不但买了老李的产品，而且还不是购买单一产品，而是整组产品。两个人也时不时地在周末凑在一起喝酒、聊天。

我们把观察到的信息进行整理后，就能发现老王也不曾发现的自己。

他的生活看似是丰富多彩的电影，其实却是一张张的黑白照片。他所有的爱好和热闹，都只为一个目标服务，那就是他的事业。钓鱼、看画展、去健身，所有的活动中并没有一件是他自己发自内心愿意去做的事，他只是通过所有的机会来认识客户、挖掘客户、发展客户。在这么强的功利驱动下，老王自然不会浪费时间在家里的跑步机上跑步了。

观察和分析到了这里，老李针对老王的销售策略可以分为两种方式。一种方式是继续支持老王原有的生活习惯，提醒老王健身也是一件专业的事情。当他以微胖的身躯约客户一起去健身的时候，客户多半会产生提防和抵触心理。所以，要想真正有自己的健身圈，必须让自己的身材看起来有说服力。家用健身器材的好处是可以利用闲散时间，不受外在环境的影响，不必到处奔走，就能在家里练出好的肌肉状态。

另一种方式是提醒老王，他的生活已经严重失衡，长期这样下去，会出现心理问题。与其用“假运动”来“拉关系”，不如真正地去体会运动的乐趣，毕竟运动过后的成就感、满足感，是对自己身体和心灵的最大回报。

每一个顾客都不是你通讯录上一个简单的名字，他们都是活生生的人，都在面对这个世界的压力和竞争。销售人员不仅要在生活中观察人，还要在生活中体会人。当一个人买车时说他“想买个代步工具”的时候，你不要轻易相信，他真实的想法也许是“买的车一定要比隔壁老王家的上档次”。

销售人员要从一个人假的表象脱离出来，用心体会这个人真正的需求和感受，这样对推动销售才是有效的。

勤奋不是多说话

销售人员常常被鼓励要用勤奋、热情来影响你的顾客。但是，勤奋并不是多话，热情也并不是强迫症。

拿多话来说，话太多是有危险的。

有的销售人员不注意涵养，随口说一句竞争对手的产品简直是“垃圾”，就把顾客推向了远处，因为顾客也喜欢和有涵养的人打交道。

还有一种“热情”的推销人员，顾客一进商场就紧盯着顾客不放，喋喋不休。他们不停地自说自话，时不时还会自以为是地说：“我说的你听明白了吧？”类似的语言都会让对方引起不好的联想，感觉像在受教育和挨批评。正确的做法是，即使是销售人员觉得自己说得再怎么高妙，在询问对方感受的时候也要说："不知道我这样说，是否把您想了解的说清楚了？"

除了话太多能把顾客赶跑，还有一种眼神也能把顾客吓跑，那是一种随时盯紧猎物的感觉，瞬间就会让顾客产生逆反心理。

销售人员应该勤奋，但勤奋应该表现在提升扎实的销售能力上。例如，在健身器材的销售中，老李无论形象和内在都具备说服力。老李的专业知识很丰富，如果你让他讲述如何把健身器材销售好，他可以从宏观到微观解决你关于该品类所有的疑惑：从中国健身器材的发展和国外同行业的对比，到健身器材的科学运用和私人定制的训练计划；从人体肌肉的结构到同类产品的优缺点……

老李可以滔滔不绝地讲下去。可是，老李并不是一个话多的人，他不会让对方感觉自己是他的猎物！不会平白无故地给你讲什么是"子弹肌"等专业术语，但当你突然问起他某些问题，他又能非常精辟地予以解答的时候，你才会真心佩服他的专业能力。

如何做到一开口就有说服力？先要观察到位，才能表达到位。

有两家户外用品店，经营的产品的差别并不明显。这种情况下，全靠销售人员的能力来推动营业额。

一家店的销售人员这样接待一个来询问冲锋衣的顾客："您现在穿的是羽绒服，羽绒服的性能当然不如冲锋衣。冲锋衣的户外功能特别强，防水指数和透湿指数分别是……"顾客听完，点点头，然后离开了。这样的介绍虽然很专业，但是在人情的观察和体察上存在不足，销售人员几乎没有看到顾客的任何信息，而是采用了一种背课本的方式与顾客进行了无效的交流。

另一家店的销售人员观察到顾客身上穿的羽绒服已经是国际大品牌了，价格不菲，显然对方很喜欢羽绒服，而对方既然来看户外用品了，一定就是有户外活动的需求了。于是，他这样介绍："不知道您是在什么环境下穿的。如果是室内，羽绒服算是室内静态保暖之王了，但如果想去户外，建议选择我们的冲锋衣，因为冲锋衣能适应户外多变的天气。例如，有水汽或者下雨的情况出现时，这款冲锋衣的面料能像荷叶一样让水珠产生自动滑落的效果。"生动的语言给顾客带来形象的感受。

当你发现顾客身上穿着羽绒服的时候，你去攻击羽绒服，就等于攻击顾客。

销售人员可以从自己的个人感受入手，不要硬碰硬地贬低羽绒服。如果顾客穿着羽绒服，问你羽绒服和冲锋衣哪个更好的时候，你怎么回答？

除了“羽绒服能战胜冲锋衣”这个思路，还可以是“羽绒服和冲锋衣并存”的思路。

你可以这样回答：“羽绒服轻快、保暖，在没从事这个行业之前，我也不理解冲锋衣的特殊作用。我和一群朋友爬山，大家都穿着冲锋衣，就我一个人穿着羽绒服。开始的时候，也没有觉得有什么不妥。可是后来过了一个小树林，我才发现，我的羽绒服破了好几个大口子。刚买的羽绒服，我挺喜欢的，真是可惜。那时，我才发现有些专业的事还是配专业的装备才靠谱。”

从自己身上发生的故事讲起，合情合理，让顾客从可买可不买的状态瞬间过渡到不管你有没有羽绒服，但是一定要买一件冲锋衣。

这样的故事中还暗含着这样的引导：你越珍爱羽绒服，就越应该有一套冲锋衣。

观察环境透露的信息

销售人员在销售产品时要面对很多不同的状况，想要在不同的环境下做出合理的应对，就要学会观察不同的环境。

刚开始工作的时候，我帮助做广告的朋友在一个陌生的城市里做推销。当时，登广告的费用并不高，但是因为那是一个三线城市，大家登广告的意识普遍不高，业务很难开展。

我利用周末的时间帮他跑跑业务，他却意外地发现我周末两天的业绩比其他业务员一周的业绩都高。开始的时候，他认为是因为周末属于黄金时间，便鼓励其他业务员周末多出去跑跑，可是效果还是不理想。于是，我就告诉他，把广告跑下来看似只靠两条勤劳的双腿，实则不然，还要靠眼睛。

我给他讲了自己跑业务的经验——如何在漫无目的的推销中通过观察慢慢变得有针对性：我提前给自己规定好范围，不论天气如何，我都会把这个大的范围全部扫街完成。

扫街完成，即使效果不理想，也是有经验可以总结的。例如，有的店面老板虽然嘴上说不做广告，但态度有所松动，处于一个模棱两可的状态；还有的老板态度很坚决，明确表示自己绝不会做广告。那么，什么类型的店老板是可以攻克的？什么类型的店是可以暂时先放下，等着别的店来带动的呢？

我发现了这样一个规律：虽然一条街上有各种各样商品的店面，但是店面门头比较老旧、人流量不间断的店，老板收入较为稳定，会有尝试新事物的想法。只要你多次拜访，方法得当，就能够将其转为自己的客户。

我还通过实践发现，店面的门头装饰很新、开业不久、人流比较少的店，由于刚开店的老板经验不足，他们倾向于学习和模仿其他人。只有当同一条街其他的店面都开始做广告并达到一定效果的时候，他们才舍得花钱跟着这样做。

于是，当我把这些看似很平常却往往被人忽视的细节告诉给朋友的时候，他发现其实业务的开展并不是马上行动，而是马上去观察。

在当今这个商业时代，每个人都在销售，无非是有的人销售实体的商品，而有人在销售自己的思想。我现在时常要去拜访一些很有故事的企业家，而我的工作目标是向他们推销我自己，让他们信任我，从陌生到熟悉，达成一些重点项目的合作。

要想在心理距离上离对方更近一点，必须先去观察对方，寻找共同话题。

我常常会留意拜访对象办公室里一些奇特的物品和办公室主人个人特征比较明显的桌面摆件，借此打开话题。果然，奇物必有奇遇，话题打开，对方说得也会更多一些。有时候，一个看似沉默寡言的企业家会因为一个物品，讲出一段离奇有趣的个人经历。

人，永远不会厌倦自己的故事，在讲自己的故事的时候，永远都讲不腻的。人也只有在讲自己想讲的话的时候，精神是最亢奋的。

要在对方熟悉的环境里找到对自己有利的话题。

如果你和对方见面的地方在两个人都不熟悉的环境里，

你更要让环境成为自己的帮手，而不是障碍。通常，注意三个方面就可以让你显得比其他销售人员更自如。

第一，当我约人谈事的时候，我通常会提前到目的地，让当下的环境成为我熟悉的环境。一个人在自己熟悉的环境里，还会紧张吗？当然不会，这会让你的状态轻松，发挥越来越好。

第二，让自己成为一个周到的人。当你先到达目的地，你就可以先熟悉环境里的所有布置。对方来了，当他还完全陌生的时候，你就可以在对方需要的时候告诉他哪里有卫生间，怎么连接网络，如何给移动设备充电，等等。

第三，不但要找一个舒服的环境，还可以坐在对方的位子上来观察自己所处的位置的光线，并留意对方的角度能看到的风景有哪些。我的经验是，你要尽量封住对方的视线，游移的人来来往往会影响对方听你说话的专注度。

这三方面要做到都不难，只需要早到一点，留心观察和布置即可。也许很多人会觉得，自己去等别人似乎是一种自贬身价的行为，但我不这么看。你等别人只是一种行为，一种行为达成的效果才能决定你的身价。

多年前，我去拜访一个著名企业的老总。他是出了名的为人低调，很多人都领教了他的“扑克牌脸”，但那一次我得到了很多有用的信息。

有人以为我有一些内部关系，其实没有大家想的那么玄妙，只不过我一下飞机就赶到了他的办公室，等到了半夜才见到了本尊，我当然没有表现得多么随和和谦虚。在我看来，等待是因为我尊重我的工作，我要完成我的工作任务。但是对他个人，我的不满，正是对自己时间的尊重。

看到我严肃的态度后，这位老总非但没有生气，反而更加客气与不好意思，主动介绍了很多信息给我。

体会人情，摸到行情

当进入一个陌生的环境进行推销的时候，销售人员并不能够准确地判断自己所面对的人的各种关系，这就更需要观察和体会。在情况没有搞清楚之前，说话要严谨和客观。

小伟从事销售工作不久，就有一个上门拜访客户的机会。他把专业材料背得很熟，胸有成竹地按照约定的时间进入了李主管的办公室。李主管的办公室里还坐了一个年轻人，小伟也并没有避讳。

小伟自我介绍之后，就开始直奔主题介绍产品了。李主管听了一会儿，笑着问："这个产品和市场上另外两个牌子的产品比起来有什么特点？"

小伟一听到对方开始考虑另外的产品，瞬间精神状态一紧，于是赶紧将自己了解到的情况进行对比分析。在他的分析中，自己的产品基本完胜其他的品牌，可是他没留意到在他旁边坐着的年轻人表情越来越难看。

当小伟说完之后，那个年轻人只是看似无意地说：“你们的产品这么好，维修服务这么好，那为什么最近我听说你们和某个集团因为质量问题打的官司输了？因为你们给人家造成了不可估量的损失！”

小伟瞬间愣住了。公司的这件事情他是有所耳闻，但是并不知道内情，也还没有做好这方面的应对准备，所以他一时也有点乱，不知道该怎么应对。还是李主管为他解了围，笑着化解了尴尬的局面。

后来，小伟才知道这个年轻人同样也是供应商，来找李主管谈采购业务。这个年轻人服务的公司正是小伟刚才攻击过的品牌。因为小伟说话太不留余地了，对方才给了他难堪。

在销售环节中，我们和客户见面，往往都要寒暄一番。很多人都觉得寒暄没有什么实质内容，并不重视，其实并非如此。就算是说废话，寒暄也是有用处的，它是调节氛围、了解人物关系的一种手段。

初次见面的寒暄还是要以关心对方为主，可以向对方问问好，聊一聊对方最近忙不忙，或者开一些行业里无伤大雅的玩笑，但是不要聊一些敏感的社会话题和深聊个人信仰，以免因为话题不当产生分歧。

这里有一个小窍门：销售人员第一次拜访客户的时候，可以观察一下客户穿着和打扮上的细节，记住其中的特点，下一次见面寒暄的时候还可以提起与第一次见面时的不同。这样的细致观察是一种很自然、很温暖的恭维，尤其对爱好打扮的女士来说。

在这个案例中，显然，小伟开始的时候就没有重视寒暄的作用。他可以通过递名片给这位年轻人，交换到对方的名片，从而提高警惕，不至于惹怒对方，给自己增加障碍。

销售人员不要说竞争对手的坏话，这几乎成为任何行业的行规。不过，是不是遇到客户想了解一些真实情况的时候，销售人员就全然回避呢？销售人员还是要通过观察客户的态度来决定自己应对的态度和交流信息的深浅。

例如，当对方提起竞争对手产品怎么样的时候，你没有必要紧张，你越紧张越容易露怯，你可以从容地问："对方的产品我不太了解，您可能已经进行了相关方面的了解。您感觉他们的产品怎么样呢？"这样就可以把被动的形势再次化为主动，通过倾听，以及观察对方的态度，知道在客户心中，你们两家的行情究竟是怎么样的。

还有一种情况，可以在不贬低对手的情况下抬高自己。当你们公司有更强的优势的时候，还可以说："对方也是一家注重品质的公司。虽然他们没有能力生产压缩机，但他们的压缩机（某个专业设备）是从我们公司引进的，毕竟我们的压缩机已经做到了业内第一名。"当然，这样的沟通要如实陈述。

在上述案例中，当竞争对手攻击我们的时候，不要自乱阵脚，更不要底气不足。要知道世界上本来就没有任何完美的产品，也本来就不存在完美的公司，即使你所在的公司有一些负面新闻也是正常的。作为销售人员，只要你为公司服务，就要对自己的产品有信心。

当对方提出小伟的公司陷入某个官司的时候，小伟可以从容地回应："我作为公司的员工，并不知道具体的情况，您听说的情况也未必是整个事情的全貌。对于我们的产品，我们充满信心，首先我们的产品采用最先进的技术……"接着，从容地回到自己擅长的话题中，把产品的优势继续陈述下去即可。

看到客户内部的“缝隙”

销售人员常常惧怕自己还没有打开某个客户的大门的时候，已经有人捷足先登了。其实，销售就是如此，没有谁是某个人的固定客户，也没有某个客户万无一失，只属于你一个人。正是在这种流动中，销售才成为一个非常有活力和需要高情商的行业。

当客户告诉你他已经有了固定的合作伙伴的时候，通常存在两种情况。第一种情况是这只是客户拒绝你的借口。大部分销售人员不怕介绍产品，而是害怕对方根本不听自己介绍。当客户对产品不感兴趣，提出已经有合作伙伴的借口之后，很多新入行的销售人员会产生心理上的疲惫，从而放弃对这个项目的跟单。

第二种情况是，客户的态度很强硬。他说："我家亲戚就是做这个行业的，所以我要买肯定会买亲戚的。"这样的拒绝更有杀伤力。

无论哪一种情况，我们要把类似这样的拒绝统统当作借口，这样心理上才不轻易放弃，行动上才会积极。销售人员本来就不太可能一遇到对方就说："太好了，我就缺您的产品，快告诉我多少钱，我立即买。"处理客户的借口就是处理日常工作。

我们要在拒绝中观察和分辨对方的意图，从而引导下一步的行为。

当对方说他有亲戚也推销同类产品的时候，你可以先试着说："哦，那您应该早已经了解这个产品的重要性了。当然，我们公司新推出的这款产品还有以下几个优势……"通过转移话题，再次强调自己要表达的重点。

因为你已经进入产品的优势分析了，所以如果对方跟紧你的节奏，指出其中的一些问题，有可能证明对方真的已经使用了该产品。也许他真的有这样的亲戚，你在报价的时候就要相对客观。如果对方对一些性能的了解完全是门外汉，你就可以判断对方也许根本就是拿亲戚当借口，你内心有了判断但不必揭穿。这样在谈价格的时候，你坚持自己的价格，而对方还以为你为了和他的某个“亲戚”竞争，已经做了让利。

销售场景是千变万化的，在客户真的已经有了很好的合作伙伴的情况下，你也不要认为自己毫无机会。毕竟，当你认定自己没有机会的时候，才是真的没有机会了。

有的销售人员会留意竞争对手，也就是同类产品生产者的情况，却忽视了对客户内部情况进行一个合理的摸底。

老李是一名非常有经验的销售经理，他想与一家企业签单并长期合作。该企业是出名的家族企业，长年固定采购另一品牌的产品。当公司的人认为这个企业已经是铁板一块，这是拿不下的单的时候，老李迎难而上，去拜访了该企业对外采购的两位负责人老郭和小郭。

老郭是小郭的长辈，采购自然以老郭为主。拜访的过程中，老李观察到老郭不为所动，但小郭似乎对老李的产品想要进一步了解。老李试探地问了一下竞争对手的情况，但是老郭说话滴水不漏，老李也没有探听到什么。

后来，在小郭送老李离开的时候，老李不失时机地问小郭：“今天走之前，我能问下咱们公司下一步计划合作的公司是哪一家吗？他们真是幸运。”

小郭看老李都要离开了，以为老李要放弃了，就透露了老郭常选择合作公司的名字。

当知道了主要竞争对手是谁的时候，老李在业内毕竟有了丰富的经验，他知道老郭看重对方公司的优势是资历老、不犯错，于是他打算主要“进攻”小郭。

老李分析了一下形式，当所有的权力都在老郭手里的时候，小郭在企业的存在感很差。只要鼓励小郭大胆做决定，然后拿竞争对手无法做到的事情来吸引、帮助小郭，就有可能出现新的局面。

老李摸清对手的竞品质量、价格、售后承诺等细节，然后在自己产品上增加了一些优势，去和小郭谈合作。

小郭已经动心，但还是迟迟不能做决定。这时候，老李分析出了小郭内心还是惧怕承担风险。于是，老李就想办法让小郭改用自己的产品，没有任何心理负担。他主动告诉小郭，可以先争取少量地进货，进行试用。毕竟，零风险的产品是任何人都不排斥的。

对老李而言，当客户发现物美价廉的好处之后，小郭的威信建立起来了，后续自然有机会再谋利益，不急在一时。

果然，趁着老郭不在公司的一段时间，老李和小郭成功地合作了第一次。

两个人都彼此满意，得到了自己最在乎的利益，这就达到了双赢的效果。

观察到真假需求

人们常认为销售是很精明的职业。的确，在利益的刺激下，人确实会急中生智和激发出很多自己原本不具备的能力。只是，在“利益驱动利益”的过程中，销售人员也会犯很多幼稚的错误。例如，业内常有这样的消息：某位成熟的老销售人员因为对方签下了不菲的保单，想到自己的提成，居然相信了对方谎称的账户被冻结，而把自己的钱打入了假客户的账户，被白白骗走了几十万元。

这样的例子提醒销售人员的是，不论自己在销售技巧和销售经验上多么成熟，在面对市场和面对人的过程中，还是应该有足够的灵活性。要一直保持细致的观察，对客户的信息掌握得越多，对自己越有利。否则，就容易利令智昏。

当然，不是每个销售人员都会遇到这么离奇的诈骗事件，但销售人员只要一接触客户，就要有意识地观察客户的需求，辨别购买产品是对方的真需求还是假需求，是强需求还是弱需求，这是每个销售人员的基本功。

老张做了多年销售，签了不少大单，公司想要开拓新市场，于是老张谈了一个新客户。

如果这笔业务谈下来，老张不但有丰厚的提成，还能够提升自己的声望。老张很渴望自己能谈成这个大单，他要攻克的客户姓陈。陈总多年来一直对老张所从事的品牌和公司态度冷淡，老张所在的公司派出了很多类型的销售人员，从产品特色、优惠策略、个人关系等各种角度来和陈总谈，试图打动陈总，结果都是无功而返。

老张不肯放弃，过了半年的时间，他终于有机会接触到陈总了。令老张意外的是，陈总的态度并没有想象中那么冷淡，只是很和气地告诉老张他不想换合作方。

老张还是不肯放弃，坚持要让陈总了解自己的诚意，不论最后合作是否成功，他都希望陈总对自己的公司和产品有一定的了解。

接下来，老张就开始使用以情感人的策略。他在陈总下班的时候守住陈总，约陈总喝茶、吃饭，还打听陈总的家庭住址，亲自上门给陈总的家人送了一些名贵的冬虫夏草。不论陈总如何婉拒，老张都认为这次有了不错的开端，至少陈总的态度非常和气。老张一想到这个项目的回报，就给自己打气，继续攻克陈总。

在这个项目中，一贯成熟老练的老张也常常感觉到自己不明就里。他每次看到陈总欲言又止的样子，总认为机会来了，以为陈总可能已经动摇了最初不采购自己公司产品的想法。可是，陈总一直什么都没说。

老张每次觉得离成功很近的时候，似乎又很远。项目拖延了很长一段时间，最后，出人意料的事情发生了。老张得到消息，陈总离开了自己的工作岗位，不再担任这个重要的职位，而他应该在一年前就已经为自己铺好了下一步的路。

老张遗憾自己在这个项目中没有做到细致观察、理性判断和及时止损。首先，根据之前销售人员的经验总结，老张已经了解，陈总在做事风格上是一个保守或者说是一个维稳的人。一贯如此的他没有特殊的原因不可能突然改变自己的做事风格，大胆地进行产品的更换。

其次，在接触过程中，如果陈总对产品感兴趣，绝对会以严谨的态度对产品和品牌进行细致周密的了解，但是在这整个过程中，陈总一次都没有主动去了解过产品，这已经传递出了某种信号。

最后，陈总已经暗示过老张他对于人生规划的新看法，只是老张没有留心。而事业的新规划对于陈总来说又是巨大的个人隐私，陈总当然不能明说，也不能明确表示，以免伤害到自己的利益。

在实际销售过程中，如果观察到弱需求，我们就可以尝试用新的办法增强客户的购买需求，将弱需求转化为强需求。但是，如果第一步就观察和判断失误，将会影响到后期一系列的做法。

我们很多时候会对一些冷脸的客户产生偏见，还会对他们的冷酷、不留情面心生怨怼，其实这并不是对方本来的样子，也许对方只是想表示出他没有购买需求。如果我们因此伤心丧气是大可不必的，要学会调整自己，要懂得重新看待对方。

想想看，一个拒绝你的客户，一个对你态度很好，但是拖延了你大半年时间最后一件产品都没买的客户，哪个对你更有利？

当面对客户的冷言冷语、强势咆哮，甚至是有一些不尊重自己的行为的时候，我们不必牺牲尊严，扭曲自己来迎合对方。但我们应该从内心宽容这样的行为，随时提醒自己，他针对的不是我们个人，而是针对他不想购买的产品所表达出来的排斥态度。这样，销售人员才有信心在销售这个行业一路走下去。

购买能力决定热情

非销售行业的人对销售人员有一种偏见，认为销售人员总是和利益、钱打交道，所以眼里只有钱，待人虚伪、不真诚，功利心太强。

如果我们不进行人格攻击，就会发现任何行业都是在追求利益最大化。对销售人员来说，他同样需要生活和面对社会。如果他花了一年的时间接触客户，又真诚又体贴，但是最后产品没有销售出去，会有人表扬他吗？恐怕他所在的企业也并不能认同他的做法，所以销售人员要理直气壮地“看人下菜碟”——对不同的顾客采用不同的接触方法。要时刻牢记，你的时间就是你的成本。

顾客的购买能力决定你要付出的热情，而不能因为别人的几句评论，说你“唯利是图”，你就不好意思争取自己的客户和业绩了。

在这里，我们不得不承认的是，不是每一个人都适合销售这个岗位的。很多观点都在美化做生意这件事，认为人品是最重要的因素。人品当然重要，但并不是销售能够成功的唯一决定因素。有个销售员老刘，做销售做了将近十年，还是只有口碑没有业绩。不论对谁，他都非常有耐心。我只能说，他是一个好人，但并不是一个好的销售人员，他给自己所在的公司造成了人力上的浪费。

例如，老刘待人有诚意。他有一个难搞的客户林先生，林先生每次的订单数额都很小，但是总是要求很多服务。对于林先生这样的客户，一般的销售人员都会放弃，但是老刘受不了林先生说的“你们做销售的，签约前一套样子，签约后另一副嘴脸”，所以总是尽量满足他的要求。可这样的纵容让林先生越来越不满，老刘在林先生这个小客户身上花的时间一点都不比花在大客户身上的少，但是林先生还时不时地在背后指责老刘的公司。

后来，林先生的业务被销售员老王接手。老王为人强势而直接，对于林先生的要求一概不同意，甚至故意拖延不回应。林先生的期待值越来越低，到最后两人居然相安无事。

从这个案例可以看出，对购买能力不够高的客户，我们在投入时间和精力方面，本身就应该有所节制。对能转化为大客户的人要舍得投入，要明白这个客户对你个人和公司将要产生的价值值不值得你消耗耐心。要知道，公司聘用销售人员和聘用其他岗位的人员本质是一样的。公司招人是要他为公司创造效益的，而不是让他来证明自己是个好人的。

当销售人员解除自己心灵上的枷锁之后，对没有购买能力或者订单小、是非多的客户，要采用正确的理性处理方式。

不要总想做好人，尤其在言谈中要注意自己的措辞。例如，公司的销售和售后分属不同的部门，当你销售的产品被顾客质疑的时候，你不是这个方面的专家，就不要过多地付出热情，卷入其中。

老刘就曾陷入过这样的麻烦，因为客户对产品的某个细节提出质疑，客户第一个找到的对象并不是公司的售后部门，而是老刘。

老刘对客户的烦恼表示了理解，并说了几句同情客户的话。

没想到，这就给他自己添了很大的麻烦。工作中，老刘代表的其实并不是他自己，而是他所在的整个公司。他几句同情的话就表示产品的确出现了某种问题，也表示他认同对方的指责，这样，他就丧失了公司成立售后部门的优势。

正确的做法是，意识到自己的工作范围，控制自己的情绪。作为销售人员，在任何时候都要坚信自己所在的公司是最好的。不要轻易说一些对公司将会产生不良影响的话。当你不顺着客户的意思抱怨公司的时候，你反而能赢得客户的信任。

销售人员要有能力控制客户而不是被客户控制，你可以旁敲侧击地了解客户的收入情况和对产品的需求程度。这并不是为了满足个人八卦的心理，而是引导我们的行为。

一般情况下，客户的收入越高，你成交的概率越大。运用马斯洛的需求理论来看，人的需求可以分成生理需求、安全需求、社交需求、尊重需求和自我实现需求五类，依次由较低层次到较高层次。不同的需求对应购买不同的产品。

生理需求，一般来说是以满足基本生存条件的产品为主；安全需求，是对顾客的身体安全有影响的产品；社交需求，是能帮助链接人与人之间的关系的产品；尊重需求，是较高的需求，要有一定的象征意义；自我实现需求，是客户已经建立了自己的审美标准，一切以自己的个人喜好为主。

通常情况下，你如果推销的不是基本生活用品，客户越有钱，购买能力就越强。毕竟，这和人的需求层次有关，当人在下一层次的需求无法满足的时候，是不会上升到上一层的需求的，这就像是一个刚能穿暖的人不会去追求穿什么牌子的衣服一样。

所以，销售人员一定要判断，对方是不是真的有购买能力。当你观察到他对所处的环境和对你的态度充满自信的时候，你所需要用到的热情就是研究他们究竟喜欢什么，以及你以什么样的角度介绍产品。

有的客户有购买能力，只是他们更加执着，只相信自己的判断，对自己所使用的产品和选择的东西有固执的偏好。这样的客户将和无购买能力的顾客列入同一类型。

还有的客户是无钱、有购买欲望，这类顾客是很容易拖延你的时间和精力的，最后让你无功而返。如果你推销的是低价格的小产品，那么你还可以努力，因为当你打动对方之后，他们会把别的钱省下来。例如，他通过不买别的东西，一切奉行节约，来购买你的产品。但是，如果你卖的是房子，那么你就要注意控制投入、把握距离，以免即使你说得天花乱坠，对方最后还是无力购买。

在借口中创造机会

销售人员不要在没有购买能力的客户身上消耗时间，而应在有购买能力的客户身上创造机会。

“我没钱”几乎是很多人擅长用的借口，目标在于让你无法再继续推销产品。遇到这种情况，不要以为这就是到了无法突破的关口。在对方说没钱的时候，你可以尝试从以下几个方面进行突破。

第一，要先观察这是否是客户的借口。产品价格如果高到对方在没有充足预算的情况下的确无法购买，对方无论多么热情地想了解产品，你都要知道他没有购买能力，要控制自己的精力投入。如果对方实力雄厚，只是想以没钱为借口要更多的优惠，你就要看透这个借口，而不要一听“价格”

这个敏感词汇，就立即开始降价。要知道，对方如果看到你降价迅速，反而会对产品的质量产生怀疑。

第二，试着推荐价格偏低的产品，判断客户的意图。这是在原产品不降价的情况下，给自己留的余地。你借此试探出对方的真正意图：如果对方对原来的产品仍然感兴趣，他的关注点没有转移，你就能够分辨出他真正的需求；如果对方对新推荐的产品开始有点兴趣，对方有可能预算不足，你可以进行新产品的推广。

第三，如果你非常珍惜这个客户，客户又的确没有预算，那么可以采用放长线的方法。例如，在客户一次性支付货款有困难的情况下，考察客户的公司经营实力，可以采用让客户分期付款的方式缓解其压力。当然，如果分期付款也无法实现，就不妨建议客户先购少量产品试用，为今后的采购计划做好准备。

客户没有钱是最常见的借口，以上方法都是尝试突破的方法，还不能从根本上改变对方的决策。如果你让对方觉得有一样产品他非买不可，你就会发现，他总能把钱凑出来。

王先生是一家课外英语辅导机构的招生人员。他的工作经验很丰富，甚至在大家对英语教育开始降温的时期，他的工作业绩也不降反升。

夏天是招生辅导班的旺季。有一天，来了一位家长，站在王先生的X展架前浏览辅导班的招生信息。王先生猜测了一下对方的年龄，判断对方家中有学英语适龄的孩子。他主动给对方倒了一杯水。这位家长接了水之后，就没好意思马上拔腿就走，于是王先生就有机会和对方攀谈了起来。

这位家长明确表示了没有让孩子上英语辅导班的预算，但王先生并没有结束话题，而是说他作为英语辅导班的招生人员，很想了解一下家长是怎么看待英语学习的。这位家长看王先生是抱着请教的态度询问自己，就毫无压力地讲了讲想法。其中，很关键的两句话就是："对于我们普通家庭来说，始终是让孩子围绕考试来学习和辅导的。英语教育既然已经降温了，作为家长就没必要逼着孩子课外还来学习英语了，我们已经给孩子报了数学辅导班。"

王先生一听就皱起了眉头，还叹了口气。这个家长对他的反应产生了好奇，于是询问王先生的想法。

王先生抓住关键点进行有力回应，他说："谢谢您反馈给我的信息。这的确是大部分家长的真实心态，但我有一点不同的观点可以供您参考。

"英语是一种工具和技能。我认为，越是大家感觉没必要学习的时候，我们越不能忽视。您刚才提到您家是普通家庭，精力不够的情况下，孩子只能报必考科目的辅导班。可是您想想看，孩子长大后，富裕家庭的孩子如果需要学习英语了，可以安排孩子出国学习，还可以立即安排最优秀的老师贴身辅导，会有无数的方法帮他们迅速掌握这种技能。可是那时候，我们更加没有时间和精力去安排孩子学习了。

“举个例子来说，如果学校规定，高考不再考数学了。那么，看似孩子们都自由了，但是，对谁最不利？自然是对大部分家庭的孩子不利。学校不重视、家长不重视、孩子不重视，这样的恶性循环一旦形成，数学这门知识对孩子来说也就基本等于缺失了。在未来的竞争中，当用到了这项技能的时候，受苦的还是孩子。

“所以，不论您是否来我们这里报班学习，为了孩子的将来，我还是把这些想法和您沟通一下。”

王先生这番话一说完，这个家长就报名了他的英语辅导班。

这番话的关键在于他精确的观察和引导，并且王先生擅长从对方的话里找到关键漏洞进行说服，让整个推销过程非常自然、诚恳！

根据客户类型引导联想

对于销售人员来说，我们要会给客户分类型，这样在面对客户的时候就不必总是东抓一把，西抓一把。

销售是一门科学，销售工作绝不是靠辛苦就能胜任的。我们观察客户的同时，可以做好信息的分类和整理工作。如果一个销售人员从接触的第一个客户起，就记录这个客户的外在特征和关键对话，那么接触得多了、记录得多了，自然就会发现其中的规律。

当我们总结出规律，下次就不必再靠感性经验来面对客户，而能够理性而科学地处理工作情况。在这个整理的过程中，你还可以理性地梳理你和客户交流的语言，对自己凌乱、随机的语言进行一个规范的处理。

李女士是一个房地产中介公司的从业人员，工作经验丰富，有一套自己面对顾客的方法。这让她的工作效率很高，毕竟销售人员的时间就是金钱，如果不能快速、有效地推广房源，她的业绩必然受损。所以，她根据自己的经验将自己的顾客分为：奋斗型、享受型、投资型。

对于奋斗型的顾客，她重点介绍房子的位置优势，介绍此处便利的交通条件。

她通常以自己为例，讲述自己刚来大城市的时候举目无亲，后来找到售楼处的工作之后，比别人更加努力。她最早的时候租房子就选择离工作单位最近的地方，这样老板和客户有需要的时候，她总能第一个到达公司，无形中就比别人多了一些机会！后来，随着工作的开展，老客户们总是给她介绍新的客户。靠着业绩和口碑越来越好，她自己的积蓄也开始增加了，她便买了自己的房子。买房子的时候，她切实理解了客户买房子时的迷茫，因为购买房子的资金太多，每个人要综合考虑的因素太多。但在她看来，无论时代怎么变化，无论房子的价值如何变动，一个人的工作价值才是生存在这个社会中的核心竞争力。所以，交通便捷是重要原则。

这一段讲述起到了三个作用。第一，她讲述自己的故事，让客户对她的印象加深。试想，两个人向你推销同样的产品，你当然会倾向于选择你比较熟悉和了解的人。当你了解了李女士的故事，你就会对这个人多了一层亲近感。

第二，她的每一项信息都是为自己加分的信息。例如，她透露出自己在这所城市有稳定的住所、她有口碑、她在乎自己的职业发展，这让客户感受到了安全感。

第三，她引导了客户的联想，把房子和工作机会连接到了一起。对于奋斗型的顾客，她讲述的重点依然围绕着节约交通成本就比别人更多一个工作机会，增强了客户的购买动力。

李女士在实际工作中牢牢把握住核心需求，从不偏移。这样的引导看似简单，但实际工作中，还是有销售人员模糊焦点，不能以最肯定的态度介绍自己的房子。

值得一提的是，同样的故事、同样的经历，李女士在给投资型顾客讲述的时候，就重点介绍了自己财富的积累：她从举目无亲到在这座大城市里安居乐业，不但靠自己工作的努力，还靠她在合适的时间购买了房产，使自己的财富累积迅速提高。

这样，李女士从未对任何客户说谎，却从不同角度，以自身经历贴近客户，成功引导了客户的联想，比其他销售人员的话语多了一份说服力。

满足客户隐形的需求

乔·吉拉德被誉为世界上最成功的推销员。他把顾客看作是一项长期的投资，他不只是卖车给一个顾客，还希望卖给这个顾客背后的250个潜在顾客，例如卖给他的亲戚朋友，甚至卖给他的下一代。

我们不能把一个顾客看成单一的顾客，我们要想到，在他们的背后有一大群潜在的顾客，因为每个人都有自己的交际圈子。洞察顾客的真正需求，彻底征服一个顾客，他自然会为你带来新顾客。

人们购买某种产品，有时候仅仅是购买一种感觉，这就是控制不住自己进行的冲动型消费，买一些本来自己不打算马上买的东西。其实，这并不是人们傻，而是因为这个产品满足的不是它表面实现的功能，而是能够满足顾客消费背后的利益或感受。

销售人员在实际工作中，要注意找出顾客购买这种产品背后的真正需求，并调整自己的销售方式及产品的介绍过程。

这说起来很容易，能做到却不容易，从事销售工作的静女士就恰恰做到了这一点。

静女士从事家具销售多年，从刚起步时为别人打工，到后来成立自己的门店，她的顾客量一直不受家装淡季的影响。

静女士不但能够找到顾客内在或潜在的真正需求，还能迅速、得体地应对。例如，她成功地引导老顾客陈先生从自己这里购买了数件高价格家具。

陈先生原本是静女士的一个老客户介绍来的新客户，老客户与陈先生是熟人。他对陈先生的评价是出手太小气，请静女士多多优惠，捡一些便宜家具推荐给陈先生即可。

静女士见到陈先生以后，立即觉察到陈先生是一个精打细算又有些自以为是的人。

在炎热的夏季，陈先生穿着过时的西装，还打着领带。于是，静女士在销售的环节并没有马上给陈先生介绍价格比较低的产品，而是带陈先生去看了几件高价格的家具。

看家具的时候，陈先生和静女士闲聊。陈先生问静女士："一天能卖多少货，今天卖了几件家具？"静女士没有直接回答问题，只是讲了自己上午经历的一件有意思的事。上午，店里来了一位老人，老人手里拿着一个功能型的老手机。静女士以为老人一定不舍得花钱买太贵的家具，来这里不过是随便逛一逛。可是后来，老人买的全是贵家具。她问他为什么这么讲究，老人说任何东西都能凑合，就是家具不能马虎，家具关系到的是一家人的健康。

静女士便对陈先生聊到了她当时的感觉：每个人的消费观不同，有的人用万元手机，买家具却不舍得选择环保家具；有的人看似平常，消费时却能把钱用在真正值得消费的地方。陈先生点了点头，很认可静女士的观点，并且表示自己也是一个看重质量的人。

静女士耐心地给陈先生讲述了贵家具和普通家具在很多细节上的不同，最后，静女士在价格上"艰难让步"了两次，给了陈先生大大的折扣。陈先生当场就预订了几件高价格产品。

在这个案例中，静女士的观察很到位。第一，陈先生"过时的西装"如同"孔乙己的长衫"，是一种标志。这意味着陈先生不舍得花钱买新西装，但是却有点装模作样，内心渴望别人高看自己。第二，老客户介绍陈先生的时候，可以直白地评价他是一个“小气的人”。这意味着陈先生的“小气”在他自己的朋友圈是人人皆知。第三,一般顾客是不好意思直接打探别人一天能卖几套家具的，可是陈先生能够在见静女士的第一面，就非常直接地问自己想问的问题。这意味着陈先生虽然“小气”，却并不自卑，反而有些自以为是。

静女士是如何应对的呢?

第一，她迎合陈先生渴望被尊重的感觉，并没有带陈先生去看便宜家具。带他看价格高的家具本身就是一种赞美。

此处，我们还会发现“小气而自卑”的人和“小气而自以为是”的人的区别。顾客如果是“小气而自卑”的人，就应该将他直接带到低价格区，介绍的重点是安抚，告知对方有的产品虽然价格低却性价比高。

而对于“小气而自以为是”的陈先生，则应该介绍高价格家具和低价格家具区别太大。毕竟“旧西装可以唬人，便宜家具可唬不住人”，而且高价格家具的特点介绍得越详细，将来陈先生就越可以滔滔不绝地向别人展示自己的家具了。

第二，静女士没有直接回答自己卖了几套家具，因为这个问题并不好回答，数量多少也许并不是陈先生关心的，陈先生要的是别人对自己的“不礼貌问题”的回应。也可以说，陈先生是一个愿意享受某种权利的人。他利用自己是顾客的有利地位，近乎冒犯性地在询问对方的收入。静女士讲了一个迎合陈先生的故事，成功地避免了尴尬。

第三，静女士重新定义“不舍得花钱”。一个小气的人最不希望别人认为自己是个小气的人。她用自己讲的故事替陈先生辩解，陈先生并不是小气，而是不愿意把钱花在一些他不看重的地方。在这个故事中，她非常自然地为陈先生的“小气”开脱。陈先生就像故事中的老人，是一个用着老式手机的“低调的有钱人”。

静女士内心是不是真的认为陈先生不小气呢？当然不！所以，静女士才会“两次”对价格进行让步。她知道对于小气的陈先生，直接给出低价，对方还是不会满足的，所以她利用了陈先生小气的特点，两次“艰难让步”，让陈先生得到了心理上的满足。

第四，令人意想不到的是，陈先生虽然在自己的圈内口碑并不好，但是陈先生为静女士带来的客户最多，因为陈先生周围的人都认为，花钱越谨慎的人越会精挑细选出好产品。

所以，即使是你不喜欢的客户，也要给予尊重。对方小气，你就利用他不想被人认为自己小气的心理；对方自以为是，你就利用他的自以为是。

第二章

影响

在无形中推进成交

看不见的一只手

销售在瞬息之间都能产生变化，我们不断总结经验是为了让自己更理性，通过提高自己单位时间的工作效率，提高自己的收入。然而，在实际工作中，并不全是理性在起作用，常常会有一只我们看不见的手，要么推动客户加快成交，要么在快要成交的时候把客户从我们身边拉开。

这种无形中的影响有时候难以判断，因为我们对自己的情况永远掌握得最多，而对对方有时候知之甚少，不了解对方脑海中存储了什么样的信息，甚至有时候会觉得不知道说错了什么或者是说多了什么就物极必反，得罪了客户。

销售人员要精简自己的语言。在不能对客户有所判断的时候，时时牢记我们说话的目的不是按照自己的思路来讲述产品，而是为了探听客户想要的产品是什么样的，甚至在闲聊时都要注意自己透露给客户的是什么信息。

小林是个刚从事销售工作不久的业务员。他新谈了一个潜力客户陈先生，凭着聪明和专业，他赢得了陈先生的认可。有一天，陈先生给小林打电话，小林的老同事芳姐接听了陈先生的电话。当芳姐听到陈先生的名字的时候，她马上知道了这是一位潜力客户。芳姐向陈先生介绍了自己的联系方式，并表示有什么需要可以随时联系她。

随后，在陈先生与小林见面的时候，陈先生提到了芳姐。小林马上明白了芳姐这是在与自己抢客户，一时之间非常生气，马上告诉陈先生：芳姐虽然是一位老销售员，但是在业内的口碑并不好；有一次，她和一个同事抢客户，先是吵，后来竟然在大庭广众之下动起了手，她还把那个同事的衣服给撕开了一道口子……陈先生饶有兴味地听着，说了一句：“和这样的人打交道太累。”

当陈先生说完这句话的时候，小林知道自己“安全”了，陈先生是不会将业务交给芳姐的。可是没想到的是，过了没多久，陈先生居然和别的公司签合同了。

小林的失败在于，他看到了自己身边的竞争对手，却没有看到公司外的竞争对手。他在贬低芳姐的同时，也是在拉低自己，还拉低了公司的信誉度。没有哪个合作者希望和一家没有素质的公司打交道。

面对同事抢单的情况，销售人员应该如何应对呢？我认为可以从以下几个方面入手。

第一，提高个人的综合能力。一般情况来说，当你抓紧了客户的时候，你的客户是不会跑的，除非这个客户本身就处于游离状态。也就是说，你认为同事抢了你的客户，但同事认为这个客户还不算是你的。

销售行业是一个竞争非常激烈的行业。对于很多公司的高层来说，他们最在乎的是大单不要被其他公司抢走，所以对公司内部抢单睁一只眼，闭一只眼。毕竟，每个行业内都存在恶性竞争，如果你谈的客户能被同事轻而易举抢走，也就有可能被其他公司销售人员“截和”。

当你有了这种竞争意识的时候，你就懂得要保护你的客户了。例如，给客户留下的电话是你的手机号而非公司电话，或者增强主动性，紧密联系客户，不给其他人抢单的机会。

第二，借此机会了解你的客户。大部分情况下，当你和你的同事抢一个客户，而你的公司并没有竞争优势的时候，客户的内心是排斥的。他们厌倦于你们的内斗，因为他们不想到最后由你们拉着他再斗。

还有的客户会把你的同事正在“争取”他的消息放出来，这样的客户有可能是两头吃。比如，通过鼓动你们两个人内斗，得到更多的信息，或者通过比较，找出一个对自己最有利的价格。

第三，面对恶意抢单，应该尽自己所能地反击。虽说你们都是业务员，无论谁拿到单子都是给公司带来利润，但是如果你从来不反对，你不反击就是对其他人伤害你利益的默许。例如，你可以在争取一个客户的时候提前向你的领导汇报，在你的同事抢你的客户的时候如实向领导汇报你的进展，在同事最后抢功劳的时候依然汇报自己在一个项目中付出的努力和所做的工作。总之，哪怕你只能为自己争取到一小部分的利益，也要尽力去争取。

你的信心是黄金

对自己所要销售的产品没有信心的人是做不好销售的，建立销售的信心需要一个人从根本上克服自己的认识误区。

很多销售人员因为总接触客户和用户，难免了解到自己的产品有种种不足之处，于是总盯着所要销售的产品的缺点。在谈新的客户的时候，对某些问题躲闪、回避，显得非常不自信。要知道，你的气质在某种程度上象征着你对产品的信心，你的信心影响对方的决定。

销售行业是个竞争激烈的行业，同时又是一个大有发展潜力的行业。压力与潜力同在，正如硬币的两面。

通常有三个方面的认知误区，让销售人员信心不足。

第一，你的产品没有知名度。

对于一个销售人员来说，越是推销一些大品牌的产品，越是没有丰厚的提成，因为当顾客对某个品牌的认知度已经非常高的时候，你的销售岗位已经变成了收银员的岗位。反之，还有一些产品是大众缺乏了解的，能够把这样的产品推销出去，就充分展示了你的销售能力。

第二，你的产品价格高昂。

如果顾客挑剔你的产品贵，千万不要乱了阵脚，马上考虑采取降价等方法。要知道，不管你卖的东西有多便宜，总会有人觉得贵。比如，你卖一件衣服，定价 500 元，对方因为贵没买，接着你下调价格到 300 元，还会有人说“贵”。你再调价到 100 元，对方还是没有买。

根本原因在于对方究竟想不想买，而不在于贵不贵。你不要期待你的客户说，“你这个东西真便宜”，所以我们要做的就是把这种“高价格”的产品销售出去。

高价格的产品才能带来高利润，有句话叫“三年不开张，开张吃三年”。这样的产品如果做得好，那么该销售人员在单位时间内产生的价值就高，自己的生活状态也会变得很舒适。

例如从事飞机销售的销售人员。如果他们缺乏自信，认为自己的产品贵，需求的人更是少之又少，他们的销售工作还如何开展？实际上，方法总比困难多，当飞机销售人员真的决心销售飞机的时候，他们就会相信飞机的高价格有其他任何产品取代不了的优势。例如，把飞机销售给一些矿老板，对方不用开车翻山越岭，就能快速到达目的地。

第三，你的产品有缺陷。

如果你的产品是国家允许生产和销售的产品，你就不要对产品的缺陷耿耿于怀。如果你对产品有了一定的体验，了解产品存在缺陷是为了更好地反馈给生产部门改造产品，大可不必对顾客产生某些不必要的“内疚”心理。

世界上没有完美的产品，正如世界上本来就没有完美的人。

你对产品强烈的信心就是销售人员的黄金。比如，一个人生病了，医生给他开的药无论多么难以下咽，他都会毫不犹豫地购买。医生不会对药的口感有丝毫的愧意，因为医生相信他开的药能够解决患者的主要问题，而药的口感欠佳自然可以忽略不计。如果销售人员在销售商品的时候也抱着这种态度，效果自然会非常不错。

小晴是一名讲师助理，有一次坐火车的时候和周围几个人聊天。大家聊到创业话题时，正好她服务的讲师就是研究创业的。这位老师很有独特见地，也出版过专业书籍。于是，小晴就把老师的部分观点和思路讲述给火车上的这几个陌生的朋友。大家觉得很有意思，也受到了启发。

但是大家继续讨论的时候，小晴就如实告诉大家，她的知识已经不能够提供有益的观点和建议了。不过，她知道有一位老师研究创业十年，从大型企业到小型企业都深入考察过，并对自己多年的研究和观察进行了梳理，写成了一本书。尤其对于第一次创业的人来说，这本书的帮助更大，有三十三个大学生成功创业并推荐了书中的内容。大家一听都很想看书。这时，小晴就拿出了老师的几本书进行推销。

除了一个人，其他人都买了书。小晴再次向这个小伙子介绍了书里的内容和已经帮助别人实现的效果。这个人明显很动心，但还是没有买的意思。后来，这个小伙子说，除了火车票，他剩的钱只够下了火车回家的打车费，所以他不想花钱。

小晴没有放弃，她鼓励对方留下坐公交车的车票钱，用其他的钱来支付书款，因为这本书值得他掏钱来买，也值得他放弃打车的享受。

最后，这个小伙子想了想，还是拿仅剩的钱买了书。

在这个案例中，也许有人觉得小晴的做法有些过分，连打车钱都没让对方留下。但这恰恰证明了小晴对自己所要推销的图书具有百分之百的信心，她不放弃任何一个机会，她也相信给人受益的知识比坐一趟出租车的价值要大得多。

用自己给产品加分

顾客在掏钱购买的时候，需要一种安全感。有的产品是产品性能带来的安全感，它让顾客感觉这是值得的、是必需的。还有的是性价比带来的安全感，这样的产品让顾客感觉不买似乎就吃亏了。当然，我们还可以利用自己给顾客带来安全感，让顾客感觉某一类产品从你那里购买，特别放心。

你在销售产品的同时也在销售你自己。

小伟和小刚是两名刚毕业的大学生，进了同一家公司做销售工作。俩人都非常积极，工作很努力。因为是新人，所以拜访客户的频率都很高。

不同的是，小伟常常得到顾客的认可，而小刚去拜访顾客的次数也很多，却很少有顾客从他那里购买产品。

有句话叫“嘴上无毛办事不牢”，对大部分顾客来说，年轻人销售都显得不牢靠，但是小伟就有能力将劣势转化为优势。

小刚也常常出现在客户面前，这本身就是一种增加安全感的方式。试想，你是敢买一个总出现在你视线里的人的产品，还是买一个陌生人的产品？但是，小刚的失误在于他的行为是可靠的——总在客户面前出现，可他的人却未必可靠。他没有继续往前一步，给客户留下可靠的印象。

小伟则不同，除了介绍产品外，小伟还向顾客介绍自己。他说自己刚毕业，才工作了三个月，但是他的理想是半年内就成为公司年轻人小组的销售冠军，因为这三个月他的成交量已经位居第一了。主要原因是他的客户都很好，总给他推荐其他的客户，所以成交量一直在上升。

在这样的介绍中，透露了一种让顾客觉得非常可靠的信息：第一，小伟是个上进的年轻人，他对自己的成长是有要求和计划的；第二，小伟在自己的岗位已经做得不错，意味着他是完全专业的销售人员，不是那种干一票就走的业余型；第三，小伟的客户之所以再给他带来新的客户，与他为人可靠和产品质量优良不无关系。

从拜访客户到成交，销售都需要步步为营。

在与客户的接触中，存在着很多机会。如果你第一次拜访没什么效果，那你在第二次去拜访时，有机会进入正题谈合同当然好，没有机会也不要紧，主要是多交流，为第三次拜访争取机会。前三次拜访务必要掌握的核心是要让客户多了解你。你要介绍你所推销的产品的差异化优势，同时还要把你个人的优势发挥得淋漓尽致。

张女士在离市中心偏远的地方开了一家特色饼店。按常规来看，在客流量如此低的地方生意也非常不好做，可是张女士的门店却不断扩大规模，生意越来越好。

张女士的特色饼除了日常食用，还有很大一部分用途是供给当地人娶妻生子时答谢亲朋好友使用。她向顾客介绍自己的食品时，总是说："我的儿子和女儿从六个月大的时候就开始随便吃店里的食品了。"

这样一句话，给了顾客很积极的信息：第一，介绍自己的孩子愿意吃店里的东西表示食品的安全性；第二，显得很亲切，主动分享自己的家庭成员的情况会让顾客产生亲近感；第三，根据当地很多人办喜事都图个好彩头的特点，张女士一儿一女的美满家庭，让人们愿意从她这里订购。

这样的方法不但对那些感性的顾客非常实用，对理性的顾客也同样有效。如同你要给自己的孩子挑选一位高中的家教辅导老师一样，有两个老师列入备选，其中一个老师，她自己的儿子考入清华大学，另一个老师的儿子还在读幼儿园，你会倾向于选哪个？

你可以利用你的爱好为自己加分。有的人在销售产品的时候，会给对方的采购人员送不少的礼品，那都只能让对方一时高兴，对方还是会对你这个人心存疑虑，无法从根本上解决成交的安全感和人与人之间的信任关系。但如果你让对方相信了你这个人，那么这种更高级的方法就能展示出你与众不同的销售思路和能力。

我的一个朋友要从三家公司里选一家进行合作，其中一家公司的老板是儒商，还会写古诗。用我朋友的话来说，当自己看到这位先生泼墨挥毫的那一刻，觉得他气度非凡，一定会是一个遵守契约精神的人。

大部分人的心目中，商人常常给人一种“重利轻别离”的印象，但是文化人则给人一种恪守诚信、不为利益诱惑、重视气节和朋友的印象。

如果你接触的销售人员是个文化人，你容易相信对方是个有原则的人，他的产品也不会太离谱。同样，如果你是一个文化人，你去见客户，你的形象也在无形中会增值不少。

服务服务再服务

服务精神对于销售人员来说就像呼吸一样重要。从专业角度上来说，每个销售人员都应该是服务型的。拿汽车销售来说，这么大的一笔资金消费，买车的人能够仅仅通过外形就会买一辆车吗？当然不会。他需要了解车辆方方面面的信息，例如品牌优势、主要性能、售后服务、付款方式、安全性……销售人员的耐心服务帮助他做决定，也就是销售人员的影响力决定对方能否接受你专业性的建议，完成交易。

一个能把销售工作做得很好的人必定是一个超级服务型人才，服务在销售的每个环节都至关重要。目前的市场环境下，买方市场时代已然到来，销售人员认为自己的服务已经做得非常好了，例如主动打招呼、对客户微笑、做好售后服务、无理由退换货等，可是这些还不够。外表的、形式化的尊重对顾客已经没有什么吸引力了，顾客更愿意结交一个积极的、靠得住的、有“眼力见儿”的朋友。如果你做到了，顾客的忠诚自然就产生了。

郑先生从事某种保健品的销售，因为保健品的特性是卖产品也卖健康，更需要销售人员和顾客建立某种近乎友谊的情感。

郑先生的顾客王老板是一个橱柜老板。三年前，两人认识的时机并不好。那天下午，王老板正忙着打电话给顾客催尾款，对方可能迟迟拖欠费用，让王老板非常烦恼。

郑先生来拜访王老板，王老板看郑先生穿的西装笔挺，眉头就皱了起来，觉得郑先生卖的东西可能只不过徒有其表。

他对郑先生很冷淡，郑先生只有讪讪地离开了。

第二次，郑先生鼓足勇气又去王老板那里宣传产品。这一次，王老板的态度缓和了很多。原来，当天店里的生意非常好，来了好多人咨询和预订橱柜。王老板本来心情就不错，又因为来了几个人店员一时无法分身招呼，郑先生帮忙接待了一下顾客，给那几个顾客倒了水，恰当地聊了聊天，帮王老板留住了顾客。王老板这次才从郑先生那里买了几件产品。

后来，郑先生跑得频繁了，王老板心里明白郑先生来的目的还是为了卖产品，但是却对郑先生讨厌不起来。例如，夏天的下午正是店员们昏昏欲睡、没精打采的时候，郑先生来时还会带上十几支冰激凌，给大家伙儿分着吃。吃着冰激凌，大家再聊聊天、打打气，整个店里的精神氛围就好多了。

后来有一件事情直接改变了两个人之间的关系。有一天，郑先生来到店里，王老板不在。几个店员看郑先生来了，就悄悄告诉他，王老板最近很烦，因为王老板的女儿今年高考，成绩非常不好。听完店员这么说，郑先生什么也没说就离开了。

第二天再来王先生店里的时候，郑先生带了资料来，他了解了几个大学的大专分数线以及就业情况，做了资料整理，准备给王老板参考。

王老板看到资料以后，彻底被郑先生感动了。王老板有很多生意上的朋友，但是他并不愿意和别人分享孩子高考成绩不理想的事实。看到郑先生的热心，他第一次和郑先生推心置腹地分享了自己的私人状况，也对郑先生产生了朋友间的信任感。

销售是一项目的性很强的工作，但这并不意味着我们就一定要冰冷地直奔主题。在与人打交道的过程中，我们和客户起初不一定是朋友，但我们可以表示出朋友式的友好。这并不虚伪，也不要有“讨好别人”的心理负担。

另外，还要抓住一个服务的黄金期。

尚未成交的订单，每个销售人员都一定会追。无论他服务得多好，对方心里都知道销售人员的目标和底牌在哪里，但购买行为完成后，你和对方的接触就没有了明确的目的性。此时是大部分客户最没有安全感的时刻，人们都惧怕“钱一出手，人就变脸”。这样的敏感时刻，是客户戒备心最弱的时候。

如果此时你的态度能够保持热度，对方会认为你是一个很有情义的人。如果你可以不求回报地关注对方，他们马上就会把你从合作关系提升到朋友关系上，这就增强了客户下一次再从你这里购买产品的可能性。

每一个问题都有价值

销售人员常常遇到问一些“傻问题”的顾客，如果稍微留心一下这些傻问题，就会发现每个问题里都有你下一步行动的路标。

小董开了一个网店，从事保健枕的销售。开店不到一个月，她就对顾客的问题充满了不解。例如，顾客为什么总问这款保健枕有没有蓝色的、有没有某个尺寸的、填充物里有没有某种材料？小董觉得顾客很麻烦，明明可以通过仔细浏览网页产品介绍就能得到的答案，对方还要一问再问。

老子的《道德经》中有一句“是以圣人之治，虚其心，实其腹，弱其志，强其骨”，讲的是对民众的治理方法是，使其心无所求，使其腹中有食物，使其思想单纯，常常令人民没有太复杂的思想，没有未满足的欲望。其实，我们对待顾客也可以如此，你要靠你的专业能力——弱化客户的能力，让客户的需求得到满足，让客户依赖你提供的最方便的服务，以便使其成为最忠实的客户。

例如，顾客问保健枕有没有蓝色的，你可以分析一下，是不是你的枕头颜色普遍选用浅色，有可能让顾客感觉不耐脏、不实用。还有一种可能是消费者的心理上认为蓝色对安眠有一定好处，这样你可以增加蓝色的枕头。顾客问有没有某个尺寸的，你可以考虑在产品介绍上突出特殊尺寸可以定做，打消这个类型的疑虑。顾客在乎枕头里是否有某种材料，这种材料大部分情况是加分项。如果你已经介绍自己的产品中有这种材料，不妨在页面上进行重点标注，帮助顾客迅速阅览到关键信息。

这些改变根本上是相信顾客的每个问题都有价值，进而对顾客提供保姆式服务，让他们获取信息时更加直接。你甚至剥夺了他们思考的能力，让他们进入你介绍产品的逻辑里去，让他们觉得没有什么理由不购买你的产品。

我们应该烦恼的不是顾客问的问题，而是顾客根本就没有问题。如果你开了一家超市，顾客问你："你卖的白砂糖能用来洗脸吗？"你绝不应该嘲笑这个顾客的智商，而应该向他推荐能起到白砂糖作用的洗面奶。

即使真的遇到了某个顾客问出很傻的问题，你也不应该露出异样的神色，你应该淡化这个顾客的尴尬，比如说："你的这个问题，曾经也有顾客有这方面的考虑，其实……"

李先生是一名发型设计师。有一次，店里来了两名结伴而来的女士，要剪头发的女士穿戴不凡，但是她一进门就说："我的头发很少，剪完之后不能显得更少，要显得更多。"她旁边的女伴穿着朴素，不发一言，静静地坐下来等她。

李先生刚准备向这位女士推荐烫发，对方就说："我的头发很脆弱，要养一养头发，所以这次剪头发我不烫、不染，还要显得头发比以前多，我应该怎么剪？"

面对这么刁钻的问题，李先生没有显出气愤的神色，也没有扭转形势趁机推销护发油，而是耐心地给这位女士讲解他计划如何剪来达到效果，让这位女士特别踏实、放心。做这个发型花了李先生很长时间。

剪完后，这位女士对着镜子左看右看，显然非常满意。这时，李先生才趁机说了一句："这个发梢如果稍微有点弧度就更加自然了。"这位女士点了点头，问李先生发梢做出来的效果是怎样的。李先生耐心地解释了自己接下来打算怎么做，起到的效果是什么样子的。这位女士听完后，已经不再坚持最初“不烫、不染”的原则了。她不但烫了发尾，还主动让李先生推荐护发油，在店里买了很多美发产品。

结伴而来的女士本来没有计划剪头发的，她随口问了李先生一句：“现在是流行直发还是卷发？”

李先生并没有像一般的发型师那样敷衍回答，而是坐下来耐心地和这两位女士交流了自己对时尚的看法。他说：“再美的女性都担心自己跟不上潮流。前几天，来我这里做头发的一位大学女老师也这么问过我。但我很少推荐顾客直接做直发或者卷发，因为这要结合顾客想在他人面前展现的自我形象是什么样子来决定。我认为做直发或者卷发不能单一处理，好的造型可以让直发轻柔蓬松，也可以让卷发的卷度自然灵动。”李先生的回答让这位衣着朴素，看起来并不热衷于时尚造型的女士动了心，她的眼睛也出现了亮光。

李先生看了一下这位女士的头发，凭李先生的眼力，他马上就知道对方至少有半年的时间没有做头发了。但是，他没有去指责对方疏于管理自己的形象，因为他知道太多的造型师都容易犯的一个错误就是指责女顾客之前的造型来显示出自己的水平。殊不知，看起来再不起眼的女人也是在乎自己的形象的，看起来再普通的女人也希望自己是好看的。只不过，她们对“好看”的认识能力各有不同。

李先生说：“您头发的发质很好，无论是做卷发还是直发都会很出效果，大概十分钟就能先处理好发帘……”李先生边说边演示对方的头发应该如何剪、如何烫，而这一切并不需要多长的时间。因为这位女士陪伴了自己的女伴太长时间，于是之前剪头发的女士有点过意不去了，她也开始鼓励同伴做一做头发。还有什么比同伴的鼓励更有煽动性呢？最终，两名顾客花费不菲，满意而去。

如果销售人员把顾客的每个问题都当作一个机会，就能从问题中找到顾客的根本需求，帮助顾客解决问题，销售产品当然不成问题。

让客户自己发起主动

销售人员给客户的信息一定是妥善处理过的，客户也不会单方面相信你给出的信息，他们更相信自己的眼睛和耳朵。比如，一个餐厅的老板舌灿莲花地介绍自己的餐厅干净、卫生，不如顾客从餐馆的外墙到服务员的指甲就开始进行的观察。

只要销售人员站在对方的角度设想，再合理引导，让对方自己去发现、去总结，客户才会对此深信不疑。比如，一家刊物去找一名客户，希望对方能提供广告赞助，让业务人员一味地宣传自己的刊物影响力大，不如该客户在路上亲眼看到几个人的手里拿着该刊物。

销售就是搞定人，你想搞定别人就要知道别人是怎么看自己的。

小陈是个很勤快的房地产中介人员，他平时没事就到几个老小区转悠，看到老太太拎着沉的东西就上去帮忙。

小陈帮助老太太的时候，通常不会主动攀谈，因为老年人常常遇到的一些骗局，都是从陌生人帮忙开始，所以即便老太太对小陈不反感，但心里还是存着一种戒备。

老太太通过自己的观察，发现小陈是个很热心的年轻人，也没有借机推销产品，就主动问起小陈是做什么工作的。这时候，小陈说到自己在房地产中介的工作。老人们接受了小陈的帮助，又发现这个年轻人很忠厚、老实，就会把知道的小区的房源信息主动告诉小陈。

而小陈的同事们如果到小区开展工作，只要一提自己的身份是房地产中介，没有换房需求的人往往避而远之，不愿意花时间和他们闲谈。

平时，小陈还会主动和小区的门卫等人员搞好关系。一般人认为小区的门卫不会对自己的业务起什么作用，实则不然，小区有哪些人进进出出在搬家，门卫常常对这样的信息了如指掌。他们会把自己知道的信息告诉小陈，小陈总能最快速地得到更多的信息。

当代社会，信息就是力量，对于销售人员也是如此。与其总羡慕自己的同事客户多、信息多，不如学会从源头开拓自己的客户，从各个渠道搜集对自己有用的信息。

想要让客户发起主动，还可以通过引起别人的兴趣和好感的方法来刺激对方购买。当你把整个过程训练得非常自然的时候，对方在他的脑海中加工完你的信息，会觉得你的产品是没有什么理由不买的，销售就会在很自然的状态下完成。

小丁在养生会所工作。她发现，会所主推的营养品和保健品放在醒目的位置，客户们看到这类产品，总会主动询问。这时，小丁再详细地介绍产品的好处，这样比她主动挑起话题来介绍产品达到的效果要好。

这让她联想到可以在自己的朋友圈推销。她知道主动推销产品会让朋友们抵触，但是想办法引起朋友们的注意，让朋友们发起主动却会达到事半功倍的效果。

于是，小丁从不打电话向自己的朋友推销产品，只不过和朋友聚会的时候，她总带着一些保健的产品。

晚上大家玩得很晚的时候，小丁就会劝大家早早休息，不要熬夜。她的劝说并不让人反感，反而因为她是圈内有名的美容达人，大家都爱听她分享美容知识。小丁就会讲到某某女明星是怎么保养的，比如不熬夜和喝温水。

说到喝温水对身体和美容非常好的时候，小丁就马上从自己的包里拿出保温杯。大家的视线就会集中在小丁这里，小丁再当着大家的面小心地取出一个小盒子，把里面放的几个颗粒状的药丸用水服下，然后露出一种很安心和愉快的表情。

这时，小丁的朋友们都会主动问她吃的是什么。小丁就会告诉大家，今天熬夜熬得太晚了，这种保健品是她的一个金牌客户推荐给自己的，对熬夜人群会起到如何如何的作用。后来，养生会所的朋友们都试了一下，果然熬夜工作后，因为服用了该产品，皮肤也不会感觉很干。于是，养生会所就开始推广这种产品，效果真不错。

说到这里，凡是在场的小丁的小姐妹都会从她这里订购。

从这两个案例中，我们会发现，让客户发起主动，成交的概率会大大提高。当然，这需要销售人员本身有足够的耐心去铺垫和影响自己的客户。对于原本有戒心的客户，一旦你通过自己的行为瓦解了他的戒心，他会把你当作可靠的人。这就要求我们看清“火候”，不能催促过紧。当客户还没做出购买决定的时候，往往是因为你的目的性太强，他才有所犹豫。此时，你要解决的不是成交，而是先逐步缩短与他的心理距离。通过铺垫前提、调节沟通节奏，来推动成交。

赞美的艺术

销售人员要懂得赞美你的客户，有的销售人员看到对方的态度冷冰冰的，就以为自己说的赞美的话对方一定不领情，还显得自己很虚伪，就怎么也不好意思把赞美的话说出口，因此放弃了对客户的赞美。这样一来，你和客户之间的关系就更冰冷了。

销售人员始终要明白的一点是，不怕别人的冰冷，而要分析别人冰冷的原因。例如，对方对你的态度很恶劣，并非因为对方对你个人怀有敌意和成见，而只是因为对方还不了解你的产品，也并不知道你的产品会给他的生活带来益处。你要做的就是迅速想办法让对方先对你个人不反感，进而让你的产品有机会进入对方的视线。

赞美是一种很好的手段，可是赞美却存在着很大的差别。这就是为什么有的销售人员的赞美显得热情、真诚，有的人就显得敷衍、虚伪。我发现，很多人赞美对方的时候甚至不敢和对方有目光上的接触，这样当然不行。如果你自己都认为自己不真诚，你的赞美就一定很无力。好的赞美一定要大大方方、理直气壮！

靠赞美客户取得好感之后，还要持续使用赞美这个技能让你们的关系升温。比如，在你们聊天的话题中找到切入点，当你使用对方提供的信息来赞美对方的时候，你的赞美就会更加自然：客户说今天见面是刚出差回来就来见你，你就可以先体贴地说对方为了约定的时间甚至都没有好好休息，再表扬对方懂得珍惜和别人的约定；客户聊到自己公司的实力，你就可以请教他如何在创业之初凝聚人心，在经历坎坷期的时候如何使自己的内心变得更强大；客户说他平时爱看政治、历史方面的书，你就可以赞美对方的见识，并且送他一些类似的文化礼品。

客户如果是女性，无论她取得了多大的成就，只要她自信地提到了自己的孩子，你就可以赞美她的孩子，她一定会非常高兴。如果你见过她的孩子，可以直接提孩子的优点。如果没有见到就从她对孩子的评价中顺势赞美，还可以赞美对方有教育孩子的好方法。对已经聊起自己孩子和家人的话题的女性，一定要给予适当的回应，不要对话题置之不理。

除了在对话中找机会赞美，还可以在与客户的接触中找细节赞美对方。老年人喜欢对方赞美自己有活力，年轻人喜欢对方赞美自己与众不同，男人喜欢对方向自己请教问题，女人喜欢对方羡慕自己。

最后，一定不要忘记：你的赞美要服务你的最终目标。如果你能把要解决的棘手问题和赞美的话融合成自然的对话，让对方接受，那么你的赞美就成了销售利器。

林女士开了一家店，销售防盗门。

有一天，来了几位顾客。他们看好了一款很贵的防盗门，突然又犹豫着不想买了。林女士了解了一下情况，原来这几位顾客的关系是邻居，大家想要一起出钱在公共区域安装一道防盗门。只有一位邻居赵老板当天不在场，赵老板的房子常年无人居住。大家和赵老板从来没有接触过，不知道赵老板是否愿意出钱。于是，大家突然又开始犹豫是否要安装防盗门了。

林女士给顾客们提议：联系一下赵老板不就可以了吗？可这群邻居谁也不想出头联系。林女士说：“我帮你们去问一下，如果赵老板同意，你们合伙买。即便不同意，也不伤害你们每个人的面子。”大家都很高兴，就把赵老板的公司地址给了林女士。

林女士去找赵老板，她说自己是赵老板的邻居，这句善意的谎言让她成功地来到了赵老板的办公室。林女士见到赵老板，马上赞美赵老板办公室的装修。和其他人不同的是，林女士赞美的重点不在环境，而是表达了自己对赵老板审美的赞美。

看到赵老板的表情舒缓了，林女士开始了攀谈。她先是含糊地介绍了一下自己，她说自己因为就在赵老板公司附近做点小生意，所以赵先生的邻居们就委托她来和赵老板商量点事情。短短的几句话，就能看出林女士透露的信息很妥当，她没有说自己是销售防盗门的，所以赵老板只以为林女士可能是某个邻居的朋友。

赵老板笑着问林女士有什么事。林女士说：“邻居们都说您是一位非常成功的企业家，大家都觉得您一定特别威严。今天见到您，没想到您这么平易近人。”

林女士“通过他人之口赞美对方”的方式让赵老板明知道林女士的恭维必定是有求于自己，但这句话听得还是非常顺耳。林女士接着说：“大伙儿遇到了点难事，想和您商量。”

这时，林女士稍微停顿了一下。不要小看这种停顿，必要的停顿会让气氛稍微有些紧张。这样，等林女士讲完事情后，对方就可能在松了一口气的前提下愉快地答应自己的要求。

她看着赵老板说：“咱们那里的房子，大家觉得应该一起凑钱安装个大门。因为您不常住，大家有点为难，不知道怎么和您开口。”

显然，赵老板松了口气，但是他作为一个精明的商人，对这种不能给自己带来利益的事情是一分钱都不想出。赵老板没有立即答应，而是说：“那里的房子我想卖掉，所以不想往房子上再投钱了。”

林女士说：“您要卖房子？大家都知道您是知名企业家，平时也都很想结交您，只是没有机会和您接触。如果大家知道您要卖房子，没有机会和您做邻居，一定挺遗憾的，因为连附近小区都知道您是这个小区最有名气的人。

“为了居住安全，防盗门是一定要安装的。只是装好之后，大家应不应该给您配钥匙呢？您不住那里，所以不参与买防盗门，就不需要钥匙。可是万一您回家，需要钥匙的时候，谁来帮您开门呢？

“如果您能同意安装防盗门，大家会由衷地感谢您如此通情达理。在您卖房子的时候，可否请您向新业主说明情况，让新业主补给您买门的这份钱呢？每个邻居肯定都愿意帮您向新业主证实这个情况的。至于钥匙，门安装好了之后，我负责给您把钥匙送过来。”

林女士的这番话先由衷地赞美了赵老板，又陈述了利弊，即便在赞美的语言中也暗暗带着一种驱动性。最终，赵老板当场痛快地交出了钱款。

赞美是为了最终目标起作用的，如果销售人员在与客户的交流中能巧妙地运用赞美，并且在赞美的语言中夹着对利弊的陈述，那么客户就会笑着签单。

好眼力帮你抢占先机

开发新客户的成本越来越高，尤其是在买方市场的情况下。销售人员不要等需要你去找客户的时候再跑断腿，而要在你还不缺客户的时候就未雨绸缪。

刘女士开了一家酒吧，酒吧最大的客户就是陈先生。

多年前，陈先生还没有升职，是一名普通职员，因为朋友的介绍认识了刘女士。俩人在酒吧第一次见面的时候，刘女士就把陈先生变成了自己的潜在客户。

当时是朋友聚会的场合，刘女士发现陈先生是一个话语不多的人，但是他也并不显得格格不入。在很多人都放肆大笑的场合，他既能配合朋友们制造的狂欢气氛，又能展示出一种难得的得体。

在大家做游戏的环节，刘女士和陈先生坐在一起聊天。刘女士一接触陈先生，就发现他谈吐不俗、胸有城府。当时，刘女士对陈先生做了一个评价，让陈先生引以为知音。刘女士对陈先生说："你是个内秀的人，只是不轻易展示自己。"

后来，陈先生和刘女士成了不错的朋友。刘女士很尊重陈先生，每次陈先生带朋友来酒吧消费，刘女士一定给足陈先生面子。

陈先生在自己的工作中一直韬光养晦，直到必要的时候，他展示了自己积极的社交能力，为所在的企业立下了大功劳。后来，陈先生每一次和朋友、同事的大型聚会都选择在刘女士的酒吧包场。

一个好的销售人员必定有着超前的眼光，不仅看产品发展前景要准，看人也要准。要看准谁是当前的客户，更要看出谁是未来三年的客户。

刘女士和陈先生接触很多，所以刘女士也认识了陈先生的下属小张。小张是个很稳重、随和的年轻人。有一次，刘女士无意中听到了小张和别人的对话，大概是有人问小张，现在的工作感觉怎么样。

刘女士因为了解陈先生的工作压力，所以她知道小张的工作要平衡很多人情，有时候公司出现了紧急情况，陈先生往往半夜就安排小张去处理各种状况。

可是当时，小张的回答中并没有任何不耐烦或者对工作的抱怨，反而耐心介绍了自己的工作情况。

别人笑着打趣小张：“陈先生现在时间自由，收入也高，但是很多苦活、累活都要你去处理，你看着陈先生的生活会不会眼热？”

小张没有多做评论，只是说了句：“我没什么想法，唯一的想法就是做好自己的本职工作。”

刘女士深知，一个对本职工作有热情，同时，心态又平稳的年轻人一定会前途无量的。于是，她对小张也青睐有加。

后来，小张很快就升职了，成为刘女士的下一任大客户。

刘女士在发展客户方面是有名的常青树，这是因为她有眼力看到谁有潜力，也有能力维护好未来的客户。

销售人员一定要有目的性和功利性，不然就会失去目标。同时，在行动中，不要有那种把对方当作猎物的眼神，因为任何人都不喜欢被人算计。对于有潜力的人，你的接近、发展、结交都要掌握一个原则，那就是需要你投入的费用不要多，但是投入的精力和时间一定要多。

大部分人都不会平白无故地接受别人的恩惠，人们也都懂得没有白吃的午餐。当你突然给别人很大的好处的时候，就意味着你要对方为你付出得更多，对方一定心怀警惕。搞好客户关系靠的不是这种临时抱佛脚，也不是庸俗地为了关系而付出。

当你看好一个人，真心敬重他的时候，你的精力就自然能够关照到。例如，刘女士作为一个酒吧的老板，她的酒吧要赢利，就不可能总是给自己的客户免单来讨好客户。她做的事情往往非常简单，比如别人送给她一些味道不错的特色产品，而在当地买不到，她就会留心查看外包装上的厂址，然后订购几箱，再分送给自己看重的人。

这样，送东西的人诚心诚意，收东西的人毫无压力，而两个人之间的气氛越轻松，越容易产生朋友的感觉。

要么成交，要么交朋友

要不要和客户成为朋友？

这是困扰很多销售人员的问题，之所以困扰是因为如果你和客户距离太远，客户不会倾向于选择你，但是如果和客户走得太近，你的利润有时候会受损。

距离成为销售人员和客户之间至关重要的问题。有一个寓言讲的是：寒冷的季节，山中的一些豪猪开始想办法，为了取暖，它们互相靠拢在一起。可挤得太近，各自身上的刺会刺到对方，让它们痛不可言。如果离得太远，它们又会感到寒冷。经过不断地调试，它们终于摸索到一个不远不近的最佳距离。最佳距离既能免去互相刺伤，又能用彼此的体温抵御寒冷。

销售人员和客户之间也应该如此——保持一个合理的距离。这个距离可以定义为商业合作中的朋友，也就是说和客户并不是无话不谈的朋友，却有朋友之间的感觉。

与客户走近一些，产生的好处是必然的，你可以了解客户更真实的需求。很多时候，当你和客户不很熟悉的时候，你所了解的信息就是单方面的，你只能通过客户之口了解他的需求，可是这也许并不是他的真正需求。例如，你问一位客户为什么想买车，对方可能说，他是为了上班方便。这样，你就认为他需要的仅仅是代步工具，会给他推荐价格适中的车。但实际上，也许是因为他所有的朋友都有车了，也许是因为他要追女朋友不得不买车，也许还因为他要做生意需要好车壮行头！面对这种情况，销售人员如果和这位客户有朋友式的感觉，可能会让客户说实话，从而了解客户的真实想法，然后帮助他解决需要解决的问题，由此赢得他的青睐。

我们要想办法靠近客户，要有平稳的心态，要懂得有的生意不是做在当下。即使现在不能成交，如果你和客户成了朋友，那么早晚都有机会成交。

小红从事海景房的销售，她所在的房地产公司在“北上广”一些大城市设有招待处，每周会有专车接送有意向的购房者来看房。

小红接待时非常热情，还自费给客户们送一些当地的特产。大部分人都认为小红是为了成交而向客户示好，她的一些同事还觉得小红这么做根本没有什么意义，因为很多客户根本没买房。

可是，小红坚持热情地和客户接触。后来，有的客户从她这里买了房，她会定期去看望客户。没有买房的客户离开的时候，小红还是保持很友好的耐心。

就这样，小红的“朋友”遍天下，很多来看房的人即使不是购房者，也从小红那里订了不少土特产。原来，小红给大家品尝的当地特色的绿色食品让客户们非常满意。很多人离开之后为了再买一些产品，都会找出小红的名片。小红由开始的帮助大家采购到后来发展成自己的生意，利润越来越高，客户越来越多。从公司的生意发展到自己的生意，不损人却利己。

如果一个销售人员能有一批忠实的客户，那么何愁生意不成？

另外，销售人员也要注意，起初我们为了做生意要靠近客户，后来随着交往，我们还要让客户既觉得你亲近，又能产生尊重，不至于让他们对你进行以朋友为名的威胁，例如“既然是朋友，就再降一个点吧”。这就要求销售人员有能力在客户关系里产生一种“亲而难犯”的威信。

如何做到“亲而难犯”？用鲁迅的意思来说：“假使豪猪们中夹着一个别的，没有刺，则无论怎么叫，它们总还是挤过来……受伤是当然要受伤的，但这也只能怪你自己独独没有刺，不足以让他守定适当的距离。”与客户关系也是如此，开始的时候，我们不亮出自己的“刺”是为了吸引对方靠近，但是为了保护自己，必要的时候，我们要让对方看到我们的“刺”。落实到销售行为中，就是我们对客户敢于说“不”、有技巧地说“不”，让对方知道我们是有原则的。

方女士是一位知名讲师的助理，很多人请这位讲师培训都要通过方女士。

因为这位老师的培训费非常高昂，所以方女士一方面要和部分客户搞好关系，另一方面还要保持老师的收费标准。

有句话叫“见面三分情”，方女士会定期和客户们吃饭、聊天。只要和客户们坐在一起聊天，客户们就会觉得方女士很亲切。同时，方女士精心设计自己的话题。当她和客户一起聊天的时候，她就会把老师的观点通过自然聊天的方式转述给对方。

例如，她会告诉客户，老师认为真正有价值的东西必须花钱买。拿培训来说，免费和降价不会真正地帮助客户，例如有一次，老师是如何通过培训发现了一家企业的困难，并且帮助这家企业扭亏为盈。

方女士提前亮出老师的观点，方法巧妙之处在于，不等对方提要求，就温和地拒绝了对方，避免了尴尬，让潜在客户们不太容易再开口提出降价的要求，并且还通过案例讲述，推进了成交。

让时间成为帮手

销售人员的时间必须用到点子上，因为只有提高单位时间的收益，你的工作和生活才能够平衡。要运用时间，就要控制好节奏。

方先生是一个很有经验的销售人员，他不像其他业务人员那么疲于奔命、形神疲惫，他精力充沛，也总有很多属于自己的时间。这得益于他对自己过往经验的总结。他发现自己谈的很多客户都不会在一个月之内与自己签约，毕竟对方需要从各方面了解自己的公司和自己。而且，在竞争对手比较多的情况下，越是理性的大客户越会先采取观望的态度。

在双方观察彼此的时间里，方先生不会急迫地和客户频繁地“搞关系”。这段时间的热切，不但浪费自己的时间，还会显得企图心太强。此时，应该做的是让对方了解你的商业价值，只有价值交换才是合作关系的基础和开始。当然，表现出来的“不热切”是为了不破坏自己的专业形象，但实际上，你可以通过在自媒体平台的各种展示把信息传递给对方。

随后，在双方洽谈的过程中，要注重高效率的回应。当客户有问题反馈的时候，要尽快给予回复，给客户信心和安全感。这个时候，保持有来有往的频率即可。但是，每次接触客户都要让对方感受到你将来会创造的巨大价值，因为如果你要做的事情对对方没有价值，你再频繁的嘘寒问暖，也会让对方感觉不值一文。

最后，当客户对产品表示出兴趣、对你个人表示出认可的时候，你要加强主动性，因为当你和客户进展到这个阶段时，你和客户也有了一段时间的熟悉和了解。此时再表示出一些个人的关心，非但不显得多余和虚伪，反而很自然地显示出你是个有人情味的人，可以让对方在感性上对你更放心，高频率的互动也是签约前的正常节奏。

很多人容易把这个过程颠倒了，结果当然适得其反。例如，服装店里的客人络绎不绝，没有经验的销售人员往往

“抓不住”真正的顾客。如果你是销售人员，当某个顾客试穿衣服比较满意的时候，进来一位新的顾客，你会不会马上放下已经快成交的顾客，赶紧去招呼新的顾客呢？

正确的做法应该是继续服务你原来的顾客：既然对方试穿已经满意了，你已经取得了对方的认同，下一步就是付款了，也就是交易的节奏已经到后期了。如果此时你转移了视线，顾彼失此，有可能最后两个顾客都失去了。

当然，店里来了新的顾客，销售人员也不能漠不关心。你可以在忙老顾客的同时对新顾客微笑，打个招呼即可。

服装店里的一幕让人觉得很容易理解，可是在向大客户推销的时候，人们还容易犯同样的错误。

方先生得到一个消息，大客户王总正打算和对手公司合作。方先生通过个人关系了解到王总还没有和对手公司签约，因为王总还在外地出差，下周回公司，和对方再谈妥几个细节，就达成合作。

大家都认为没有机会了，方先生还想再试一试。可是，无论是他给王总发邮件、发信息，还是找熟人联系，都没有得到对方的回复。

终于等到第二周了，方先生认为王总应该已经回公司了，他打算亲自去拜访王总。不巧的是，方先生每天去王总的公司，得到的消息都是王总不在。方先生想了一下，即使对方不想和自己合作，那么面对自己上门拜访，王总可以直接拒绝，不必托辞不见。方先生判断王总不是躲自己，应该是真的还没有回公司。

周五到了，整个城市都在下暴雨。方先生看着暴雨犹豫了片刻，还是决定早晨再去一趟王总的公司。

没想到的是，这一天王总真的在公司。方先生赶到的时候，暴雨淋湿了他的头发和手中的公文包。王总见到方先生的时候，方先生带着自信和已经淋湿的文件出现在会议室中，着实给了王总一定的震撼。

开始的时候，王总还以“下次合作”的托词来拒绝方先生，可是方先生不顾一切都要争取这个大单的诚意感动了王总。后来，考虑到还没有和对方签约，于是王总选择了和方先生的公司合作。至于对手公司，王总只能“下次合作”了。

这样的案例并不少见，方先生对手公司的销售人员明显在最后放松了警惕。

销售人员跑客户，有时候靠头脑，有时候就得靠笨功夫。二八法则提醒我们，工作中 80% 的业绩来源于 20% 的重要客户。销售人员不能因为天气原因、个人原因放松自己，对重要客户要加强服务，随时都能控制全局。正是因为对手公司放松了警惕，所以“煮熟的鸭子飞了”。

销售人员不但要腿勤，更要懂得如何腿勤，那就是随时提醒自己控制好时间，让时间成为你的帮手。当客户谈得比较稳妥，只差签约的时候，你拜访客户的时间不应该再是半个月一次，可以调整为一周一次、一天一次，让自己高频率地出现在客户面前。表面上是服务你的客户，询问客户还有什么问题需要你服务，实际上是盯紧你的客户，促进对方和你马上签约。

第三章

沟通

引导对方说“是”

制造沟通机会

销售人员如果能和客户实现有效互动，那么实现成交的机会就会增加。反之，双方的沟通不在同一频道，你说再多都无法进入对方心中。

李女士要布置一间书房，于是她便去当地著名的家具广场进行选购。

销售人员非常热情，一直跟在李女士身后。还没等李女士开口，销售人员就说：“您看的这套家具非常上档次。您的朋友来了，一看您的书房，就知道您买的是高级成品家具，土木匠是做不出这么好的东西的。”

李女士笑了笑，没有吭声。她走到椅子和书桌前坐了一下，显然是在思考什么。销售人员看到李女士突然皱了皱眉，就赶紧说："您放心吧，这套家具是环保材料的，一点味儿也没有。不信您闻闻，是不是？"

李女士正在考虑孩子的身高使用这套家具是否合适，突然被打扰，产生了一些厌烦的情绪。她不由得打断了对方的话，说："我是为我儿子布置书房……"李女士一开口，销售人员觉得不再冷场了，开始更兴奋地介绍产品："您放心吧，这套书柜的设计很漂亮，而且如果您今天买，我可以送您一些小礼物。"

李女士不耐烦地离开了这家店，头也不回地向前走去。

销售人员一直很卖命地介绍，直到李女士离开也没发现自己的工作方法有什么问题。销售人员给李女士的信息都是正确的，他给客户介绍了产品的优势、性能，还有优惠条件。只是，他给出的所有信息不是对方最在乎的核心信息，而且全是封闭性话题。这属于个人的自我陈述，根本没有问答，简言之就是两个人之间只是在说话，却没有互动。销售人员不但没有制造沟通机会，还把王女士制造的唯一一次沟通机会给浪费了。

对于家具销售来说，要努力抓住每个来看家具的顾客，因为它不同于服装销售，人来人往本来客流量就很大，家具商场内的人还是比较少的。这就要求销售人员必须用语言留住你的潜在顾客，顾客在你这里停留的时间越长，就越容易对你的家具产生信心，选择你的产品的可能性越大。

顾客在你这里停留一上午，一定比看了半小时就走更有希望。上述案例中，销售人员在和李女士打招呼后，应该设计话题保持两个人之间的对话不间断。直接问李女士的书房面积有多大不是好问题，但是询问书房的主要使用者是谁就非常稳妥。

李女士自己介绍了书房是为她儿子布置的，这是一条非常重要的信息。销售人员可以根据这条信息来介绍书房：书房的目的是要让孩子能静下心来学习，书房的家具基本有书柜、写字台、座椅。这三种家具最好选购同样的颜色和风格，这样能营造出一种和谐的气氛。然后，再带顾客看不同高度的家具。销售人员还可以给李女士提供一些独特的思路和方法，如下话题一定会令李女士感兴趣：“现在，很多顾客都会选择把电脑桌也放在书房内，不论书房空间大小。如果您的书房是给孩子使用的，我不推荐您把电脑桌放在书房里。”

想想看，如果你是顾客，会不会对这个话题产生强烈的兴趣：为什么大家都认为应该放在书房的电脑桌不应该放在孩子使用的书房里？

销售人员说："一位著名的教育专家有这样的观点和提醒：书房是一个相对来说私密和安静的空间，如果家长把电脑放在孩子的书房，孩子在查资料的时候容易被网络上很多不好的信息影响，一个好孩子可能一上午就被不良信息带坏了。可是有的时候，孩子又需要上网学习，那怎么办呢？教育专家也给了很好的建议。"

销售人员说到这里的时候，可以有一个短暂的停顿，因为顾客一直听陈述句就会产生一种麻木的感觉，短暂的停顿会再次引起顾客的兴趣。

销售人员接着说："电脑桌可以选择摆放在客厅里，因为客厅的空间足够大，私密性不够，摆放在客厅的电脑就自动接受了家庭每个成员的监督。这样一来，孩子才能忍住好奇心，不打开一些不该看的网页。"

如此一来，顾客就会觉得你能切实为她的孩子考虑问题，也很专业，就会倾向于你。

如今的顾客走进商场，不再会被随处可听见的"欢迎光临"打动，而更高级的销售方式、更巧妙的提问、更贴心的关心、更实用的建议永远都是客户真正欢迎的。

让顾客对你的话产生兴趣，也要拿捏尺度。无论销售人员对顾客的示好还是销售人员故意引起对方的兴趣，核心都是为了销售产品。当顾客已经开始听你说话的时候，就不要过多地在外围话题上游荡了。到了此时，你要迅速切入产品的讲解。

当你和对方已经形成交流的时候，也要注意保持沟通状态。举个例子来说，两个人之间有这样一段对话：“你周末通常去干吗？”如果回答的人说：“也就在商场逛逛，你呢？”对话还能够继续交流，但是回答的人说：“睡觉。”这个话题就封闭了。

在销售场景中，如果顾客说：“价格怎么这么贵？”你说：“我们不打折。”这个话题也封闭了。但是，如果你以轻松地口气说：“我感觉您能来看我们这个品牌的家具证明您非常有品位。所以，我想请问一下，既然您觉得这个品牌的产品这么贵，为什么唯独看上这一款呢？”这样一来，话题又再次推进。你对顾客的了解也进一步加深，便于促进接下来的交流。

把握松弛有度的节奏

有这样一句话：“宁愿相信世上有鬼，也别相信销售人员那张嘴。”这句话虽然是贬义的，但是也展示了销售人员的口才是能化腐朽为神奇的。

有的销售人员把口才误以为是滔滔不绝，其实，现实销售中，过于冷淡能把顾客赶走，过于热情同样也能把顾客赶走。

小韩大学刚毕业就来到一家服装店工作。她性格活泼，也非常热情，可就是卖货不多。小韩也好奇店长王姐为什么总能让客户成交。以往总觉得自己比王姐更有能力的小韩决定拿出一天的时间来用心观察王姐是如何接待顾客的。

小韩发现自己和王姐在很多细节方面的处理都不一样：

小韩常常走出店外，看到顾客就往店里带，可是王姐有时候连顾客进来了都不会马上紧跟；王姐会面带微笑打声招呼，然后装作收拾和整理衣服的样子，并不多说。

有一次，进来了一位顾客。这位女士穿戴不俗，一看就是经济条件很不错的人。小韩打起精神赶紧走上前介绍：“您太有眼光了，这款尺码不多了，您要不要试试……这款的颜色是今年的流行色……”

王姐注意到顾客斜着眼睛看了小韩一眼，露出了轻视的神色。王姐急忙拉住小韩，将手指放在嘴边，示意小韩停止喋喋不休的唠叨。

小韩面露不解之色——她不明白王姐为什么要放弃这么好的展示机会。

小韩不说话了，这位女士非但没有离开，反而还放慢了脚步，慢慢地看衣服。看到两件羽绒服，她显然很心仪，于是扭头问小韩：“这两件羽绒服的含绒量是多少？”

小韩一愣，显然她并不知道什么是含绒量。这时，王姐面色从容地走过来，介绍了含绒量，并且一一回答了这位顾客的问题。两个人有问有答，似乎是两个老朋友在聊天。最后，在愉快的氛围中，王姐让这位顾客意识到其中一件羽绒服比另一件更合适。这位女士愉快地买下了其中一件。

让小韩佩服的是，王姐并没有因为两件衣服都是自己店里的，就两件同时推销，而是很耐心地结合顾客的身材和肤色，在为顾客选衣服。远远看去，店长竟像是和顾客一起逛街的同伴。

顾客走后，小韩虚心地向王姐请教，问她为什么开始不让自己多做介绍。王姐耐心地说："你看这位顾客像是不常逛街的人吗？她很有主见，相信自己的判断，不喜欢听别人灌输信息，也许平时在她的伙伴中都是所有人听她讲解。对待这种人，你说得越多，越会引起她的逆反心理。反之，你的话越简练越有吸引力，越能紧紧地抓住她的心理。"

小韩接着问："为什么不让顾客把两件羽绒服都买下？"王姐说："这位顾客在两件羽绒服前停留了很久了，这表示她虽然有钱，却并不愿意同时买两件羽绒服。这种情况下，再不帮助她选择其中一件，就有这样的危险性：她的思路瞬间从感性到理性。比如，她可能考虑到这两件衣服在自己的衣柜里都有同款，于是两件一起放下。所以，我们要做的是，快速结束顾客这种犹豫的苦恼，马上帮她选一件她穿上去最好看的。而且，你只推销其中一件，她会觉得你并不是唯利是图，觉得你老实、可信。"

最后，王姐还提醒小韩，观察一个顾客并不是要让自己死死地盯住顾客，像防贼一样看顾客，而是要让自己和顾客彼此出现在对方的视线里。这样，顾客有问题可以随时提问，你也可以随时看到顾客的动作。当然，在和顾客交流的时候，也不要眼神飞来飞去，更不能上下打量。讲到关键处的时候，要面带微笑、看对方的眼睛，其他的时间可以看顾客的鼻子或者其他位置。

小韩这才明白，店长就是店长，无论是对服装细节的把握能力还是销售能力，都值得自己好好学习。

在很多情况下，客户需要的是实实在在的信息，不是销售人员无休止的废话。很多人都是这样认为的：你寸步不离地跟着我，就是想拿下我，一心想赚我的钱，我偏偏不买。所以，在销售时千万不要喋喋不休。有的时候，沉默也许真的就是“金子”，在必要的时候无声胜有声。

当然，销售人员也有苦衷，商场如战场，不积极主动，不多和客户交流，机会就会越来越少，但在交流的时候要注意到客户的反应，把握节奏，针对不同人的特点组织不同的语言，才能与客户产生共鸣。

越直接，越有力

很多培训讲师的口头禅都是："是也不是？"

他们问的问题一般情况下都会让听众说"是"，那么，这么问的好处是可以寻得认同。当你连续回答三个"是"之后，基本上就放弃了思考的能力，开始接受对方的灌输。另外，让听众和自己产生一种互动，与听众产生对答，听众就不再是感觉被动的灌输，因此产生参与感。

做销售也是如此，开放性话题和封闭性话题要交替使用。当你使用封闭性话题的时候，你让顾客发自内心地认同回答的"是"越多，对方越有可能购买产品。你若能让对方连续说"是的，你说得对"，那么这件事的成功就有更大的机会。

如果在交流过程中，对方开始说"不"了，这意味着对方开始理性思考了。这不是一个好的苗头，如果对方再连续说好几个“不”，你最好趁早结束你的谈话，因为你的谈话并没有得到对方的认同。那时，你就要想办法改变话题，改变谈话的策略。

让顾客说“是”，需要一种技巧。

比如，你给顾客打电话，如果你说：“您的公司需要打印机吗？”对方一定会说：“不需要。”

但是，你如果把问题换成：“您的公司一定经常用到打印机吧？”对方一定会说：“是。”

当然，后面的话题组织，就需要一种策略。如果进入冗长的产品介绍，对方一定会厌倦和挂断电话，所以我们的策略是直接说好处，给客户一种有力的刺激。

产品的好处很多，只是很多人都找不准该如何说出产品的好处。

小琴和小力在同一家家具店做销售。

有顾客来看家具，小琴和小力都会对产品做一些介绍。两个人都把产品的特色、性能背得滚瓜烂熟，只是在使用语言的时候，两个人的习惯不同。

小力对顾客说：“先生您太有眼光了，这个实木沙发是采用卯榫结构的。卯榫结构和其他的床不一样，它是一种很传统的技法，让木头和木头之间的衔接更加自然，它更加坚固、耐用……”顾客听了好长一段时间，有点不耐烦。

小力赶紧说：“将来，这个沙发要是坏了，修也很好修，它只要拔出要更换的部分更换就可以。不像那种用胶固定的沙发，维修时就比较麻烦。”

听完这段话，顾客就离开了。

小琴也在介绍卯榫结构的特点，她对顾客说：“这个沙发比其他沙发更能证明它的环保性。”

顾客问：“怎么证明？”

小琴说：“商家卖的所有的实木沙发一定都宣传自己是环保的。的确，实木是环保的，可是木头里面的胶是不是环保的，谁能看到呢？”

小琴接着用手指着沙发的衔接处说：“我们的这个沙发能够直接接受顾客的检验，因为我们采用卯榫结构，根本就不需要用胶！”

接着，小琴还会说：“这款沙发刚从厂家发来，可是一点不好的气味都没有，这得益于这款沙发没有用胶。而且，这个沙发非常结实。您想呀，用钉子钉住、用胶水黏合的家具，过一段时间钉子容易腐蚀，胶容易失效。但是，这个沙发就不一样了，它本身就做到了各个结构如同连接为一体的效果。”

如果把小力和小琴两个人的对话对比来看，就很容易发现问题。对于小力来说，他介绍得还不够直接！因为小力介绍的只是产品的特征，而小琴直接点破产品比其他产品拥有什么样的好处。小琴使用的语言有力、形象，小力使用的语言偏于说教。小琴抓住了每个顾客都怕东西不耐用的心理，介绍产品坚固、耐用的好处，小力则介绍了维修方便，等于间接批判了自己产品的质量。

所以，在销售语言中，想让客户认同你，就要最早把好处亮给客户。

要尽量使用直接、生活化的语言介绍你的产品的好处，例如小慧在销售橱柜方面就很有经验。她所销售的某品牌橱柜各个方面做工都很好，可是从哪个角度来介绍自己的产品，才能有力地说服顾客呢？

小慧发现买橱柜的顾客通常都有一个认识：他们认为橱柜的细节处理最能看出这套产品的好坏。

于是，小慧就抓住了这一点。她销售的产品隔板前沿安装了防划手的弧形铝条，这样的好处之一是对层板起到二次加固的作用，封边不开裂，可延长层板的使用寿命。

可是，小慧觉得这个特点不应该放在最初的介绍上，因为层板的使用寿命无法当场证明，所以小慧通常都会说："咱们在厨房里越是忙，越是容易出现一些突发的情况。您看这款产品，细节做得多到位。您把鸡蛋往里面一放，鸡蛋根本就滚不出来。"

这段话的选择非常到位，顾客就会去观察这个细节。小慧再说，这个细节的处理还能保护您，让您在拿取东西的时候，手腕不受伤害。

最后，她才会说这款产品层板的使用寿命也比其他产品的使用时间要长。

小慧介绍产品的层次非常清晰，她为了和客户之间产生一种认同，先从厨房里常遇到的困难出发，那就是人们在厨房里手忙脚乱的时候难免会出现突发情况。小慧告诉客户的是，我的产品更能解决你的苦恼，而且我的产品现在就能证明给你看，至少鸡蛋不会滚出来了，你快速找东西的时候不会受伤，最后才介绍无法当下证明又影响顾客购买信心的产品优势。

对于电话销售人员来说，这样的策略同样重要。你给客户打电话时，先介绍你的产品有多好是一种常规思路，但如果你先直接告诉对方，我的产品能帮你节约 50% 的电费，这样效果可能会更好！然后，再来给自己的推销进行背书。

让对方进入放松状态

销售的目的很明确，却不要表现得很明确。起初要让对方没有压力，对方才愿意接触和走近你，为成交做好前提。

要学会利用和控制话题，先了解了客户喜欢什么样的话题才能开始顺利的对话。这样，客户谈自己喜欢的事情时是最放松的，你才能拉近同客户的距离。谈事情的过程中，要由松到紧，一开始让客户放松，之后在购买产品上增加一定的压力，促进对方购买。

很多人都把这个过程弄反了。如果你一开始就显得套近乎是为了赚对方的钱，对方一定躲得远远的。当然，如果到了该推进对方付款的时候，你还在套近乎，也有可能节外生枝。

冰冰的皮肤上有很多斑，她和朋友小玉去逛商场，希望自己的问题得到解决。

走到化妆品区的时候，总有人上前给冰冰推荐祛斑产品，这让冰冰很尴尬。走到其中一个品牌的柜台时，销售人员并没有上来就推荐化妆品，这让她松了一口气。

销售人员苏女士笑着问她需要什么，冰冰回答说随便看看。

苏女士并没有放弃这个顾客，而是笑着对冰冰说：“正好赶上我们今天有活动，让我来为您介绍一下我们的产品。”

苏女士介绍产品的时候非常照顾冰冰的感受，她一句话都没有提到“雀斑”，这让冰冰非常放松。苏女士推荐了一款面膜，她说：“我脸上以前长痘，都用遮瑕膏。后来发现这不能解决根本问题，就开始注重用面膜补水。用了一段后，发现补水做好了，皮肤不干了，很多问题也不再困扰我了……”

就这样，苏女士利用自己做负面的例子，维护了冰冰的面子，令冰冰对这款价格很高的面膜动了心。冰冰问苏女士面膜应该怎么用，苏女士也耐心地告诉了方法。就在这时，小玉想拉着冰冰离开。苏女士知道当冰冰开始问怎么用的时候，就是成交的强烈信号，既然向冰冰推销已经成功，显然小玉就成为苏女士当下要攻克的对象。

苏女士对小玉说："您的皮肤状态很好，请问您平时的化妆习惯是怎样的呢？"

小玉本来想走，被苏女士面带微笑的问题给拦住了，她回答了苏女士的问题。

苏女士就和小玉开始聊天，苏女士认真地点评了小玉化妆习惯中的精华部分，让小玉觉得自己的护肤水平很高，得到了专业人士的认可。

随后，苏女士又像想起了什么，对小玉说："这么好的面膜，您也买几片试用一下吧。你们两个人一起敷面膜还可以互相提醒对方时间，这样护肤效果更好。"

一句话说得本来不想买面膜的小玉犹豫了起来。一旁的冰冰也劝小玉一起买，这样两个人就可以一起敷面膜聊天了。可是，小玉说："面膜有点贵……"

苏女士立即说："您二位来的真是时候，今天我们品牌做活动，您二位还有机会免费得到我们的赠品……"

就这样，苏女士似乎在很随意的聊天氛围中完成了销售。小玉不但没有拉走冰冰，还和冰冰一起买了面膜，满意地离开了。

在这段对话中，苏女士的技巧很熟练。第一，她深知女性“自欺欺人”的心理。虽然冰冰脸上有雀斑，但是她并不希望别人直接指出来。苏女士掌握的原则就很好，那就是在提到缺点的时候尽量用自己打比方。第二，苏女士精准地判断了销售对象。在冰冰想买而小玉不想买的时候，苏女士非但没有排斥小玉，反而巧妙地利用了小玉和冰冰的关系促进了购买。第三，赠品用得恰到好处。当顾客开始抱怨价格的时候，虽然也是成交的强信号，但是处理不当就会失败，赠品在此时送出就能抵挡顾客要求打折的情况。

销售人员要营造一种放松的氛围，要让自己显得很放松，但是大脑却万万不可放松。例如，你想去拜访你的客户，要让客户不拒绝你的拜访，就要先注意自己的语气。如果你给客户打电话，自己的声音显得紧张、虚弱，那么一定会引起客户的抵触。或者反之，你的状态是一副要拿下对方的战斗状态，客户也同样会拒绝你。正确的做法是，站着打电话，让自己的气息和语气都能显得更好。还可以让一切显得很自然，降低客户的抵触。你可以对顾客说：“您好，我们公司最近有活动，优惠力度是近十年来最大的，我得到消息就第一时间给您打电话了……”然后看客户的时间约见面。

平时，你想和客户套近乎，也不要生硬地问对方有没有时间。你可以了解一下对方的喜好，看对方喜欢看哪个类型的电影，然后可以对客户说："我拿到三张电影票，想送给您，这样您周末的时候就可以和家人一起去看这部喜剧了……"

你想向熟人推销你的产品，如果直接去找他们，他们想到你的目的性都会有些不舒服。正确的方法是，给你自己的行为找一个合适的理由。例如，你说："昨天看大学时的照片，发现上铺的你当时是我们宿舍里最爱学习的，还经常带着我去上自习。你最近有空吗？出来见个面吧……"

你看到别人不知道如何搭讪的时候，也可以从恭维对方身上的包、手表和配件开始聊天。这样，对方也会和你多说一些话，两个人之间的氛围就会开始慢慢变轻松了。

最后要说的是，哪怕在处理客户没完没了的提问的时候，也要尽量让对方放松地聊天。客户想要花钱买产品，就有理由对产品有全部的知情权。客户挑剔产品，有时就是希望得到满意的答复，你可以让他把担心说出来。只是这里有一个技巧，那就是等他说完一个的时候，你不要马上针对问题迅速回答，因为大部分客户的问题都会很散乱，可能还有一些问题是故意找碴儿的烟幕弹。你可以继续问他："您还有什么疑问？”等他把全部疑问说出来之后，你会发现你们两个人之间的状态是放松的。某种程度上，两个人之间的对话聊得越多就越容易带来朋友式的感觉。你让他把所有疑问说出来之后，最后你只要问一下对方最担心的问题是什么，然后主攻这个问题，其他的一语带过即可。

你的肯定带来肯定

销售人员要用肯定的态度推进付款，不要到了最关键的一刻扭扭捏捏，显得非常不自信。这样的表现给对方透露的信息是产品可能存在什么隐藏的缺陷，反而令对方迟疑。

销售人员果断、干练的态度会让买你产品的人有强烈的信心。老徐是一位生意人，他的下属约一位客户吃饭，约了三次，客户都没有时间。老徐一听就乐了，因为他请客户吃饭的时候从不提前预约，而是到了必要的时候，杀到客户的公司，等客户一下班直接拍着客户的肩膀说："走，喝酒去。"他的这种肯定对方有时间的态度，果然令客户再也不找借口，而是爽快地和他一起去喝酒。

在销售的时候，我们可以借用这种肯定会成交的态度来武装自己，这样从一开始的接触到最后的成交就会一气呵成。

当你相信自己一定会成交的时候，才会发生神奇的成交。有这样一个案例：

美国的布鲁金斯学会在每期学员毕业时，都会设计一道最能体现推销员实力的实习题，让学生去完成。小布什上任后，该学会出了一道题目——《请将一把斧子卖给小布什总统》。

这道题目听起来有点离谱，但是 2001 年 5 月 20 日，推销员乔治·赫伯特做到了。在他看来，小布什总统买自己的产品是肯定的，因为小布什在得克萨斯州有一个农场，那里长着许多树。

于是，推销员写了这样一封信：“有一次，我有幸参观您的农场，发现那里长着许多矢菊树，有些已经死掉，木质变得松软。我想，您一定需要一把小斧头，但是从您现在的体质来看，这种小斧头显然太轻，因此您仍然需要一把不甚锋利的老斧头。现在，我这儿正好有一把这样的斧头，是我祖父留给我的，很适合砍枯树。倘若您有兴趣的话，请按这封信所留的信箱，给予回复……”最后，小布什果然给推销员汇来了 15 美元，买下了这把斧头。

卖东西之前，你就要告诉自己，对方一定会买，你的产品是对方一定需要购买的产品。这样，你自己的态度和话术就都是一种强力的推动说明。

在和顾客的沟通中，有的销售人员不断地询问顾客“您是否满意”，就是缺乏这种肯定的态度。

我们需要对顾客多一些推动，在顾客很满意的时候没有必要多次询问满意度，而是直接说：“我们的优惠到今天就为止了，您现在是付全款还是订金？”

顾客有时候是需要驱动的，商场里的销售人员尽量不要等顾客询问收款台的位置，而应该在顾客满意的时候迅速组织自己的语言告诉顾客：“现在，我为您包装起来，收款台从这里直走左转。”然后，迅速把单子开完，放在顾客手上。

如果你通过网店做生意，遇到再三纠缠想要打折的客户，更要采取这样的方法。毕竟，越是买东西讨价还价的人，他的背后越有一批信任他购物能力的人。你没有必要得罪这样的客户，你可以迅速抹掉价格中最小的零头，然后直接告诉对方：“我们没有太大利润空间，但还是为您做了优惠。我们已经改好了价格，这是最低价格，您可以付款了。”

这样不等对方提出他想要的价格，你就已经推动到最后一步。况且，你做了一次改价之后，对方要求打折的心理已经得到了满足，就会直接付款。

让真正拍板的人拍板

销售人员面对的复杂状况很多，但是要在一瞬间迅速做出判断，就需要做不同的总结，把握规律才能见招拆招。

小刘从事房地产销售工作。根据多年的工作经验，她认同人们常说的“女人爱房子，男人爱车子”，所以在销售过程中，她对于女性的攻势就会非常猛烈。

公司新开发了楼盘，有一对夫妻总来看房。男人总是表情紧绷，一脸不情愿，女人则一脸坚持。原来，这位男士的姐姐有好几套房，其中的一套已经给这对小夫妻居住了。

两个人已经来售楼处看了太多次沙盘。销售人员们一开始热情接待，后来发现两个人只是看看，购房的意向并不是特别强烈，而且有一次，两人还当众起了冲突，男士明确表示不会来这里买房子。所以，售楼处的同事们慢慢就不再像以前那么主动了。

小刘出差一回来就遇到了这对夫妻。

小刘认为主要进攻的对象还应该是女士。这位女士问小刘房子最近卖得怎么样的时候，小刘说：“最近，来这里看房的人挺多，大部分成交的都是年轻人。其实对于年轻人来说，买房后肯定会有点经济压力，可是没房就没有压力吗？我遇到了一些女性，为了减轻家庭压力不买房，和家人一起住，可本来关系挺好的，就因为距离太近反而有摩擦了，压力反而更大了。可见，对于很多女性来说，房子还是有必要买的，毕竟精神高尚未必生活幸福。”

“精神高尚未必生活幸福”，这句话迅速穿透了这位女士的脑海。她对小刘解除了戒备，如实说：“我现在的情况是不用和家人挤在一起，我老公的姐姐有套空置房，暂时给我们居住。我老公不太愿意买房。”

小刘理直气壮地说：“老公有这么好的姐姐真幸福！当然，这毕竟不是自己的房子，老公的姐姐将来要处理房子也是有可能的。况且，老公住他姐姐的房子没什么不好意思的，可是对您来说就不那么自在了。要么您继续住现有的房子，要么您考虑一下拥有自己的房子。当您拥有了自己的房子之后，就可以享受自己一手布置的家和生活了。”

这位女士想了想，就请小刘进一步介绍楼盘的细节情况。

最后，经过小刘的沟通，这位女上果断地在小刘这里买了属于自己的房子。

在这个案例中，小刘有三方面做得非常好。

第一点是找出真正拍板的人。

卖房子不同于卖面膜，如果来买面膜的两个人里面有一个同意买，另一个不同意，你加把劲说服不想买的就可以了。但是，卖房子你必须彻底做通一个人的工作，让这个人想办法说服另外一个人。到底谁是真正拍板的人？那要看谁是对房子有痛点的人，真正拍板的人一定是与自己利益最相关的人。

小刘的立场很坚定，从开始的试探到施加压力，再到引导成功，她处处抓住了这对夫妻中女士的心理。原本这位女士一定也处于矛盾状态，一方面是“精神高尚”——不要给老公增加压力；另一方面是下定决心，改变不自在的状态，拥有自己的房子。小刘的一句“精神高尚未必生活幸福”彻底击中了她的痛点。

第二点是小刘的跟单精神。

虽然之前这对夫妻来售楼处表示绝不买房，但这并不代表没机会。这个被同事放弃的单在小刘的努力下重新有了机会。销售人员不要惧怕矛盾和难度。对房产销售来说，未必满口说着要买房的人就一定会买，一定要留意：越早的客户越有戏。

销售人员要明确一点：客户有问题，我们才要解决客户的问题，帮助客户下决心购买。客户是因为自己的问题而购买，不是因为要完成你的业绩而购买。你若想说服客户成交，就要切实考虑他的感受。如果你能抓住这一点，就等于抓住了他的心，签单自然是水到渠成的事。

第三点是小刘说话合情合理，用词讲究。

当女士讲到住在老公姐姐的房子里时，小刘没有马上表态说住老公姐姐的房子很不好，而是很尊重对方，说了一句“老公有这么好的姐姐真幸福”做铺垫，随后再转折。反之，如果小刘直接表示“不要住在别人的房子里”就会显得攻击性太强，引起对方的抵触。

还有一些常用的词语，小刘也非常注意。例如，她一直在正面引导对方“拥有”房子，而不说“买”和“卖”。把“买”换成“拥有”是很到位的一种表达。当销售人员希望客户购买产品时，如果直接用到“买”这个词，客户会非常敏感，这意味着你要从他的钱包里掏钱了。而换成“拥有”，就会暗示对方已经享受到了你的产品带来的美好体验。

情绪就是问题

销售人员在面对客户发火的时候，常常发现无论自己怎么解释都很难得到对方的认同，于是有的销售人员一气之下也反唇相讥，把对方说得哑口无言。

表面上看这次沟通结束，面对的问题解决了，实际不然。面子是人的第二心脏，你伤害了这个客户的面子，等于永远失去了这个客户。

客户的坏情绪本身就是问题，你要想办法应对这种坏情绪。有的销售人员说：“你不要生气……”这句话中暗含着一种指责和指令，容易让失去理智的人更加愤怒。不如直接请对方疏导他自己的情绪。当客户有坏情绪的时候，你可以直接问他：“您能谈一下您的希望和要求吗？”“您最主要的担心是什么呢？”

通过这样的提问可以引导客户将自己的情绪发泄出来。

小新收到客户订金的第二天，客户就要求收回订金，终止合作。

小新赶紧给客户解释自己公司的情况和自己个人的诚意，可是不管怎么说，客户就是不满意。后来，小新只能直接说，不可能退订金。就在小新准备告诉对方如果执意终止合作，就要追究客户的违约责任的时候，小新的经理于先生及时出面，制止了情况的恶化。

于先生直接让小新先离开，然后将客户带到公司最明亮的一间办公室里。客户火冒三丈，一头汗，于先生将空调的温度调低，又给客户倒了杯水。客户刚要发火，于先生就笑着说：“您先坐下来，慢慢说，有任何问题都可以解决。”

客户坐进了软软的大沙发里，突然感觉自己也没那么生气了。他很坦白地告诉于先生，有个朋友告诉他这家公司有严重的信誉问题，因为朋友听说，有一次在合作中，对方把全款打过来之后，公司硬是要让对方把要货的数量加一倍才发货。

于先生听完后，并没有勃然大怒，也没有质问对方的朋友是做什么的，甚至没有批评客户的道听途说。他只是淡然一笑，说道：“有人说我们公司收了钱不按照合同给对方发货……”然后，他直接看着客户的眼睛说，“您信吗？”

客户显然没想到于先生没有做丝毫的解释，听到这个消息的时候居然如此淡定。客户也笑了。

一笑解心结……后来的谈话和合作都开始顺利了起来。客户离开的时候，并没有再提出要回订金，于先生也对客户的信任表示了感谢。

于先生在处理问题的时候采取的方法看似很随意，实际上是非常有技巧的。

首先，当小新和客户发生争执的时候，他成功阻拦了小新的冒失行为。毕竟，客户只是要求退订金，并没有真的违约。小新的处理方式是把客户往不好的方向推了一把，而于先生的处理方式显然是先让客户冷静。

其次，于先生的细节处理很到位，他和客户交流之前先换了场景，让客户在一个安静的、阳光充足的办公室里谈事情，这和在公开场合给客户的感受是不一样的。越是在公开场合起争执，人们越会为了面子一定要驳倒对方，而到了一个私密的场合进行一对一的谈话，客户会重新调整情绪。

再次，于先生请客户坐下来是很正确的做法。在客户还没有开口之前，你先处理的还应该是客户的情绪，第一个要做的不是解释，也不是劝说，而是先让客户的感受变得舒服。空调的冷气，细心地倒水，而且客户坐下来之后，他的肺活量随之减小，火气也会变小。况且，只要陷在软软的沙发里，再有气势的人都会失去杀伤力。

还有，于先生懂得倾听。客户并非不知道他所听到的消息未必是真的，他来公司也许只是来确认自己没有上当。可是，如果你气急败坏，客户的安全感就会被破坏。反之，于先生通过倾听，得到了客户愤怒背后的原因，为下一步处理客户的问题提供了依据。

最后，于先生用他四两拨千斤的方式，化解了客户的疑虑。他没有指责任何人，却用了一句反问做到了举重若轻。一句“您信吗”引出了客户的正面思考，客户反而觉得是自己太轻信谣言了。于先生在客户消气之后对其信任表达的感谢，还会引出客户的内疚感和对该公司的忠实度。

销售人员不能保证总是遇到有礼有节的客户，有的客户本身情绪就很容易冲动。销售人员要提前做好心理建设，无论对方如何，我们都要做好自己。从个人到产品的细节都要多加留心，尤其是第一次拜访客户，千万不要给对方任何一个发火的机会。否则，连再谈下去的机会都没有了。对于产品，当他揪住其中某个细节得理不饶人的时候，一定先要呼应他的感受，进行语言上的安抚，可以说：“您真是细心，能注意到这么小的细节。不过您放心，这部分的问题我们有一个解决方案……”

这样，对方会自我感觉良好，情绪也得到了极大的平复。因为本来就是吹毛求疵，所以后面应该不会再紧追不放，最后没准儿会收到意想不到的效果。

使用暗示性的语言

有心理学家做过这样一个实验。他聚集了一批学生，让他们做一个性格诊断测验。几天后，他把诊断报告交给学生，再统计学生对诊断结果的有效度评定：“你认为报告说中了多少分？”

总分是五分，学生们的评定平均是四点三分。也就是说，学生们认为诊断报告的准确率是百分之八十六，其中有百分之四十一的学生甚至评价为：“这份报告完全吻合自己的性格，这份测验真了不起。”

其实，心理学家给每个人的诊断报告是完全相同的，是从一些文章中挑选了几个句子拼凑而成的。

这个实验证明：“人的自我评价是不可靠的。”

学生被诱导的原因在于心理学家说的是“这份报告是”你的“测验结果”。每个人都认为这是只针对自己的报告，就会先入为主，认为这就是自己的特征。据说，时隔三十年，再做同样的实验，得到的结果还是一样。

在这个案例中，我们可以看到语言诱导的力量。

想要让客户掏钱埋单，就要学会使用一些暗示性的语言。这并非对产品功能无中生有去描述的欺骗行为，而是借助暗示性的语言的作用，让一些词语、语句不经意间在客户的心中产生影响力，在客户的潜意识中留下印记，从而使说服的效果更为显著。

有的销售人员口头禅会有“不”字，例如，对客户反问：“这个价格难道不便宜吗？”这样的问句的好处是比陈述句更能引起对方的注意，但是里面的“不”字容易逼迫对方回答：“是的，不便宜。”

销售人员应该多使用肯定的词语来描述你的产品，例如，当你讲到产品的用处的时候，甚至可以自己附和自己。你可以说：“这个产品真的太棒了！”对方当然知道你是“王婆卖瓜，自卖自夸”，但他依然会被你这种肯定的语句影响。这给客户带来积极的心理暗示，会引导对方给出肯定的答复。

销售人员小菲有一个客户李女士，李女士明明有意向买房，却迟迟没有确定购买。

李女士是一位单亲妈妈，独自带着女儿生活。

小菲每一次给李女士描述房子的优势的时候，李女士都温和而耐心地听着。但是，李女士的缺点是优柔寡断，总在买与不买之间反反复复，下不了决心。

这就是销售人员常常遇到的难题，对方并不是没有礼貌的粗鲁客户，你每次讲的内容好像都能得到认可，可是对方态度模糊，你似乎总是判断不了对方内心究竟是怎么想的。

小菲只好请自己的领导王先生帮忙谈下这个客户。

王先生和小菲联系李女士在周末来售楼处，李女士准时到了。不过，这次的开场并不是很顺利。

李女士见到王先生就很抱歉地说："这个房子我暂时不考虑了。"王先生听到李女士这样说，并没有气恼。在他看来，李女士本来就处于犹犹豫豫、反反复复的阶段，她这样的态度也是正常反应。于是，王先生并没有直接说服李女士改变决定，而是请李女士坐下来随便聊聊。

李女士因为占用了小菲很长的时间介绍这里的房子，最后自己又不买了，感觉有点儿不好意思，所以她要为自己不买房子加上一个合理的理由。于是，李女士说："这个区域的房价太高了。”王先生立即接上话题，问道：“您是和哪里的房子做比较有这样的感觉呢？”

李女士说了另外的一处楼盘A小区。王先生了解A小区的情况，A小区无论从配套设施、户型结构还是地理位置，都不如自己的楼盘有优势。

于是，王先生接着问：“还有其他原因吗？”

李女士说：“A小区紧挨着B小学。”

王先生说：“哦，此外还有什么原因呢？”

李女士最后才说出了她的真实理由：“我孩子的舅妈已经在A小区买房了，而且她是B小学的老师。我打算孩子上完幼儿园之后，让孩子寄宿在舅妈家。”

听完这句话，王先生一改之前的和气态度，他认真、严肃地看着李女士说：“我也是一个孩子的父亲，我负责任地和您分享我的经验：孩子是自己的，不是亲戚的！孩子最相信和依赖的人永远都是自己的妈妈，您怎么能让孩子一上小学就离开自己的妈妈呢？”

显然，这句话让李女士当场震撼。李女士听完，眼睛立即泛起了一层泪花。

她没料到王先生并没有和自己聊房子，而是聊到了孩子的教育。李女士便问王先生孩子多大了。旁边的小菲骄傲地告诉李女士“王先生的孩子已经上高中了，在重点高中成绩都是全校数一数二的”。李女士听了之后，眼前一亮，不禁对王先生多了一些请教的态度。王先生在闲谈中，重新找准机会，弥补了小菲之前遗漏的信息，重点介绍了这座楼盘附近的学校情况，让李女士频频点头。

和小菲介绍房子的不同之处在于，在看到房子的户型图的时候，王先生有意识地引导李女士。他说：“这个户型结构中，让您来给孩子选一个房间，您会选择哪一间给孩子呢？”

李女士说：“当然是在朝南的房间中选择，这样孩子常晒太阳，也能补钙。”

看着李女士对房子的态度越来越积极，王先生看准时机说：“之所以今天约您，是因为今天已经接近月底了。下个月，我们的房子要往上调整价格了。目前，有两个优惠政策，一是先交 5 万元订金，总房价给予一定的优惠，还有就是先交首付，总房价能优惠的力度更大。”

王先生运用暗示性的语言对李女士说：“如果您买这里的房子，是先交订金还是先交首付对您来说更为合适呢？”

李女士说：“还是先交订金吧。”

令小菲没想到的是，当天李女士就签了合同，交了订金！

王先生善于把握人的心理，通过层层提问，找到李女士真正的想法，又通过暗示性的语言引导客户点头称是，完成交易。

顺应对方的讲述

在与客户的沟通中，想要让对方说“是”，你在对话中也不要总去反驳和纠正客户。只要运用一定的技巧，对方总有一天会对你说“是”。

例如，当你去拜访客户的时候，客户对你的产品不感兴趣。他们通常会说：“你留下资料，我自己慢慢看就行了。”这时，你明知道对方根本不会看，但是又不能直接点破。正确的方法是，不要轻信对方的话，也不要否定对方的话。你可以顺应对方的要求，接着说：“这次来得匆忙，没有带资料，下次我一定给您送过来。”这样就会为下次见面制造机会，你又可以为对方介绍你的产品了。

再如，你和某个客户谈了很久，对方一直态度暧昧。每当你催促的时候，对方总以“老板还没有最终决定”为理由来搪塞你。此时，也不必愤怒地拆穿对方这就是借口，可以接着“老板还没有最终决定”的话题询问对方，如何做能够帮助老板下决定？老板方面的压力在哪里？

销售工作永远会面对很多真真假假的情况，也会与形形色色的人打交道，主要看你如何判断与处理。当我们弱小、不知道如何处理事情的时候，我们会恨对方的复杂和自私。但是，当我们有足够的经验来处理一些突发事件的时候，我们就会原谅对方某一次的不靠谱。

毕竟，不是每一个客户都永远难缠。只要我们拿出一些方法，克制对方又适度满足对方，这是非常有效果的。面对业务过程中的种种困难，只要你本人具有好的心态，困难就会越来越少。

老罗从事销售工作多年，见过不同类型的客户。客户在他眼里似乎成了透明人，可是没有哪个客户和老罗在一起的时候会因为自己被他看穿而不自然。

老罗的下属小郑新近谈了一个大客户，只不过小郑当时是和大客户的助理小莉谈生意。

小郑见了小莉很多次，小莉的态度总是很客气，只是对合作的事一拖再拖。拖了将近两周之后，小郑约小莉见面都很困难了。

据小郑向老罗汇报，小莉有一次经过一家商场的时候，暗示小郑自己很喜欢某一件高价格的商品。小郑没有回应小莉。此后，小郑再约小莉的时候，小莉就总是说很忙，没时间见面。

老罗向小郑要了小莉的电话，直接打通了小莉的电话。老罗第一次打电话，小莉回复的是她的老板给她安排了紧急的工作任务，所以采购的事要先放一放，她暂时不方便见面。

老罗立即就明白了，小莉一定是和其他供货商谈妥了，才敢这么果断，甚至连见面都不肯。

老罗对小莉说："理解，理解。你这么年轻的小姑娘就身兼重任，要多注意身体！"老罗对合作和产品的事只字未提。

过了几天，老罗又给小莉打了第二次电话。老罗说，自己的一个朋友去某个地方出差，当地最有名的就是阿胶。这次是朋友亲自去采买的阿胶，一定是真货。而他自己一个大老爷们儿，根本用不着吃阿胶，所以他已经和小郑要了小莉的快递地址，让小莉注意查收。

小莉这次显然有点不好意思，她明知道自己不可能和老罗合作，于是只能附和老罗，表示以后会多和老板提一下老罗的产品。

第三次，电话是小莉打来的，小莉要从老罗这里购买产品。老罗一看数量就知道小莉已经从别的客户那里买了大数量的产品，只是少量购入自己的产品。

老罗没有点破小莉，还是愉快地说终于合作了，自己一定保质保量地给小莉发货。

这次产品发货后，小莉发现老罗的产品质量还是很不错的。第四次还是小莉打来的电话，她直接从老罗这里大批量地订了货。

在这个案例中，小莉显然不是个老实忠厚的客户，但老罗的每一次电话都赢得了对方的认同。他的每一次行动都能为下一步动作做铺垫。

老罗既没有庸俗地满足小莉的需求，也没有和小莉闹僵。他顺应了小莉，又能维护自己，让自己在合作中看似什么都不争，却取得了最终的成功。

控制与转移话题

销售人员要引导对方购买，就要控制好话题。

例如，当一名餐饮服务员为你服务的时候，问："您是要加一个鸡蛋还是两个？"你会发现，多数情况下，你会顺应对方的问题，直接回答要一个还是两个。

如果对方问："你要不要加一个鸡蛋？"你直接拒绝的可能性就大大增加了。

销售人员在使用如下词语的时候要格外谨慎：可不可以，能不能，需不需要。你使用这些词语询问顾客，顾客会习惯性地说"不"！

你要学会控制自己的话题，进而控制整个销售的节奏。

王先生从事房产销售，来了一位顾客咨询房子。

顾客问了这样一个问题：“将来，这个高层楼房的电梯坏了，怎么办？”

如果你是王先生，你将如何回答这个问题呢？

最差的回答是：“物业会维修。”这样的问答等于没有回答。

有人说：“物业会维修，我们小区是金牌物业。”这个回答有一定的说服力，但并没有从本质上说服对方。

王先生这样回答：“您关心的这个问题很专业，很少有人问起，您为什么关心电梯呢？”

顾客说：“我家现在的房子就是高层楼房，但我听说电梯保修是有年限的。几十年后，如果电梯坏了肯定没人修。”

王先生说：“我理解您的担心，您现在住的房子是多高呢？”

顾客说：“15 楼。所以，这次我想看个低楼层的房子。”

王先生说：“您来得太是时候了。现在，我们刚开盘，正好低楼层还有房子，让我为您介绍一下 7 楼以下的房子……”

在这段对话中，话题的主动权一直在王先生手中。他牢牢地控制了自己和对方沟通的节奏，以挖掘对方的想法为主，变被动回答为主动进攻。

这也提醒销售人员，你的产品怎么样不是最重要的，最重要的是要了解对方心里是怎么想的。王先生通过提问来了解对方的需求，并且没有去改变顾客脑海中的观念，而是提出了解决问题的方式。在顾客心中，没有人能保证几十年后电梯坏了还有人能积极维修。也就是说，顾客的担心是几十年后的事情。不论销售人员怎么解释，顾客都会认为几十年后的事情没人敢保证。如果王先生一直解释物业会维修电梯，那么他在顾客心中还是在辩解。所以，王先生放弃了这个话题，而是重新找到了话语中进攻的机会。

控制与转移话题还常常在签约环节使用。销售人员发现，和客户谈合作的时候一切顺畅，可每每到了签约环节，就出现了一些不顺利的情况。例如，客户迟迟不肯签合同。

此前，销售人员和客户谈得越好，越是能打动客户的心，可是一旦进入签约环节，客户瞬间就恢复了理性，他开始考虑自己签约后所要支付的金钱和所要担负的责任。

好的销售人员应该淡化签约的仪式感，把签约时的对话设计得自然和流畅。

例如，当客户已经对你的产品没有其他意见，到了该聊签合同这个话题的时候，你可以顺理成章地和对方说：“这只是合作的开始，相信您下一次一定还会继续和我们合作。”紧接着，你就把合同递给对方。注意，合同的页数越少越有利于对方签约，合同的条款越简单易懂越容易让对方放松警惕。

此时，你还应该很自然地把笔也递给对方，并注意你的表情：不要露出胜利和欣喜若狂的表情，要注意保持常态。你的态度越自然，对方签约的可能性就越大。

在即将签约的时候，对方也有可能突然杀价。如果你急于让对方签下合同，你就会被动。所以，不论你多么急切，都要稳住这个话题。

在这个话题上，停留的时间越长，对成交越不利。

从客户的角度来说，杀价是一个必要的行为。可是，这个环节如果挪到要签约的时候再谈，对方有可能是想使出最后一招，直接试探你的底线。

如果你答应了对方的价格，所达到的效果会是怎么样的呢？

有可能非但谈不成交易，还会失去这个客户，因为这个客户会认为你之前拥有太大的利润空间。你要相信，客户真正有购买能力才会和你谈到签约这个环节。所以，他甚至不希望听到你的犹豫，他真正想听到的是你对价格斩钉截铁的坚持，因为在大部分人的脑海里，你对价格的坚定态度就代表了你所销售的产品价格已经到达底线。

这里要注意的是，态度的坚定并不是态度强硬。在表达上要坚持无法再降价，在态度上要保持随和，迅速把话题扭转到其他地方。

例如，客户说："您要是给我优惠，我就签合同。"

你不妨说："我们给您的价格真的太优惠了。我们的这个产品和其他同类产品对比，它的优势非常明显。它至少能为您节约 20% 的用电成本……"接着，你的话题就从产品的价格转移到产品的价值上，让客户再次感受到自己的钱花得非常值。

再如，客户说，产品虽然好，但是他没钱。

听到这里，你一定不要纠结在这个话题上，去询问对方的月收入，给对方计算产品有多省钱。在钱这个话题上，停留的时间越短越好，你可以转移这个话题，这样回应："这个产品费不了多少钱，不如我们尽早使用尽早享受……"这样，你的话题就成功地转移到描述使用产品后的感受上，让客户迅速做决定。

第四章

成交

关键时刻临门一脚

够专业才能成交

不专业的销售人员即使销售再好的产品，也难以在客户心中立足。

可以想象，一个销售人员带着很好的产品去见客户，但是他的情绪不饱满、装扮不专业。客户看着他乱糟糟的头发和布满血丝的双眼，会相信他手中的产品能改变自己的生活，让自己生活得更幸福吗？

销售人员的专业形象对客户的影响至关重要。客户想要关注你的产品究竟有多大的价值，就要通过对你的了解来判断你介绍产品的时候是否实在。此时，你这个人的形象就成为打开客户的心的敲门砖。

客户一般是非常精明的，他会长时间地观察你。如果你真的具备专业素质，就一定要想办法让对方感受到你的专业。例如，每天都关注业内动态，给客户提供一些采购建议，每周都和客户见见面。这样，客户有需要的时候，就会找到一个他熟悉的具备专业态度的人，你自然就有机会了。尤其要注意的一点：客户的购买量大的时候，你要多和客户沟通；当客户的购买量降低的时候，你更应该多靠近你的客户。因为此时客户一般更加敏感，所以更需要显出你的真诚和专业态度。

销售人员还要懂得表现自己的专业，一举一动都需要专业。

小飞是一名从事销售行业不久的业务员，靠着腿勤、手勤拉来不少客户。因为要和客户进行一对一地对接，小飞便模仿老业务员对待客户的态度拿下他的客户。

他发现老业务员和客户之间的交流显得非常轻松、随意，而且有一次他听到一个老业务员催客户签约的时候，说了一句："李总，快把合同签了吧。这样，我就可以去马尔代夫钓鱼了。"后来，客户笑着很爽快地把合同签了。

这次接待客户的时候，小飞也多次和客户开玩笑，催促客户签约。他说："您要是觉得没什么问题就把合同签了吧，这一单我的提成有两千多块钱，就可以换个新手机了。"

没想到客户当场就面露不悦，后来客户走的时候甚至没有和小飞打招呼。小飞直到丢失了这个客户，还云里雾里，不知道自己错在哪里。

小飞的玩笑不但没有让客户发笑，还会让客户觉得反感。大部分情况下，个人的提成和收益都一定不要和客户提起。

小飞的优点在于他懂得向老业务员学习，观察老业务员是如何促使对方签约的。可是，令小飞不明白的是，老业务员为什么和客户提起自己的“收益”，对方不怒反而一乐。其实，他们并非谈及“收益”，而是老业务员对客户的恭维，因为老业务员谈的那位客户的爱好就是去马尔代夫钓鱼。老业务员经常恭维该客户过着真正上流社会的生活，而自己没有那个经济能力和时间去马尔代夫钓鱼，所以“去马尔代夫钓鱼”成为两个人之间的玩笑话。

业务员如果有能力和客户开个恰如其分的玩笑，可以增进两个人之间的感情，还可以在必要的时候转移话题、化解尴尬。但如果玩笑不当，它就是在逼你的客户“假笑”“赔笑”，会使你丢掉本来都要签约的单子。

一般有几类人是要谨慎开玩笑的。第一类是第一次谈的客户，因为这样的客户不了解你的专业能力。例如，客户问你问题的时候，你用玩笑回应，会显得你专业能力不足。况且，当客户聊到和产品相关的业务时更不要开玩笑，因为是第一次沟通，他不知道哪些是玩笑话，哪些是真实情况。

第二类客户是年纪比你大的客户，这样的客户还是应该以尊重为主。随意点评和开玩笑，会让对方感觉你轻浮，对他缺少尊敬，尤其敬酒的时候更要重视礼仪，一切以尊重为前提。

第三类客户是从来不和你开玩笑的客户。他们追求高效率，本身就不苟言笑，更不愿意花时间和精力去理解你的玩笑。万一你的玩笑不当，这类客户会立即放弃与你的合作。

销售人员和客户之间说的话要字斟句酌，才能步步引导到成交。

我有一个朋友，在我和他的接触中，我发现他从来不接电话。每当客户来电话，他的方法是挂掉电话，然后三分钟之内给客户回电话。通常开口的第一句都是："对不起，刚才在开会，领导您有事请吩咐……"

他用的词语虽然有些夸张，但是起到了三个作用：第一，显得自己很忙，业务很多；第二，称呼对方为"领导"，满足了客户喜欢被尊重的心理；第三，回复电话的时间在三分钟以内，不至于让对方等待的时候失去耐心。

别把拒绝当成答案

销售工作的开展要尽量不给对方拒绝自己的机会。同时，在对方已经明确拒绝了你的情况下，还要明白，拒绝并不是答案，对方的拒绝中依然有你的机会。

只有燃烧的火柴才能点燃另一根火柴，想要让客户热情，就要自己热情；想要让客户不再拒绝自己，就要从拒绝开始，利用你的智慧再次开发这个客户。

老董在一个家装设计公司工作，同事离职的时候给了他一个客户名单。很明显，这里的客户都是很难开发的，但是老董还是决心试一试。

有一位齐先生要装修房子，老董与齐先生电话沟通业务。

齐先生直接回绝："装修需要时间，可是我有的是时间，我不需要装修公司。"

老董听完后没有直接否定齐先生，而是说："充足的时间的确是装修的保证。此外，装修还有三个难点。"

齐先生一听，顿时有点感兴趣，连忙问老董还有什么难点。

老董说："第一点，有时间不代表懂专业。就拿和工人打交道来说：一方面要监督工人，另一方面还要相信工人；一方面要管理工人，另一方面还要善待工人；一方面要批评工人，另一方面还要表扬工人……"

老董注意到自己聊到的话题已经吸引了齐先生，于是他利用齐先生之前说的"我有的是时间"，对齐先生说："您现在就来我们公司看看吧，我请我们的设计总监帮您出一个平面方案。首先让您看下我们的设计有多棒，然后我们再谈施工质量、材料品牌和价格！您给我们一个服务的机会，我们一定让您百分之百满意。您大概什么时间过来，我去接您？"

老董做了一个完美的"成交练习"：他不容对方拒绝，不等对方说自己"忙""没有时间""改天再说"，就直接认定对方会来公司。而且，老董对自己公司的服务非常有自信，无论设计、施工质量、材料品牌和价格，他认定对方会满意，他对订单的执着会影响到对方的态度。

销售人员不要惧怕客户的拒绝，对方拒绝你的时候也是你了解他的好时机。面对客户的拒绝，我们不妨从以下三个方面入手：第一，我们假定所有拒绝的理由全是谎言；第二，我们具体了解产品的哪一个部分令客户不满，摸清客户的想法；第三，我们利用客户拒绝的理由中的漏洞进行反击。

例如，老王从事饮水机的销售工作，客户直接拒绝：“我不买，我没钱。”

老王说：“哈哈，您真能开玩笑，这款饮水机的好处是……”

客户说：“你说的这些好处我不相信。”

老王：“我给您做个实验证明一下……”

此时条件有限，老王可以用口头描述实验的过程和达到的效果来证明饮水机的作用。

客户说：“确实有点作用，但是是否买饮水机我需要再考虑一下。”

老王：“我们每个人每天都要喝水，今天买了今天安装，您就能喝到对健康更有利的水，何必还要拖到以后呢？早买早享受，是不是？”

客户说：“我得问问我老婆。”

老王：“哈哈，您是男子汉大丈夫，这个事情您就自己做主，给您的家人一个惊喜吧！”

客户说：“我还想再看看其他品牌的饮水机。”

老王：“目前，市面上的饮水机种类太多了。您如果亲自去了解，恐怕工作量太大，也太耗费您的时间了。我们的产品有权威机构出具的检测报告，而且我们的售后服务做得非常好。我销售饮水机至今，没有收到一例投诉。”

客户说：“我还是买了吧，真受不了你的这股劲头。”

老王：“这款饮水机真的能给您带来健康。我对我的客户无论有多坚持，都是值得的。”

我们可以发现，以上对话中的每一个拒绝，老王都能够根据不同的判断来化解掉。有时候，对方的拒绝仅仅是他的犹豫和不了解。只要你一个肯定，就能立即扭转局面。只不过，很多销售人员的内心太害怕拒绝，以至于还没有消灭客户的抵抗，就被客户的抵抗给消灭了。

有一名顾客去试了一双皮鞋，当时觉得不太合脚、有点紧，所以当销售人员询问这位顾客的时候，顾客就说不买。

可是后来，他可能的确喜欢这双鞋，于是就问了一下这名店员："这双鞋会不会穿一穿就慢慢变松了，慢慢变得合脚了呢？"

店员支支吾吾，不敢给肯定的答案。这时，另一位有经验的销售人员大声说："您带回家去穿，皮鞋越穿越大，绝对没问题！"

此话一出，瞬间就成交了！

所以，销售人员不应该害怕拒绝，也不应该放过每个机会。记住，务必抓住今天的订单，因为今天的订单就在眼前，只要努力就能拿下，明天的订单远在天边，我们必须赢在当下。

克服赢的心理

销售人员常抱怨客户的毛病多。有时候，不是客户的毛病多，而是销售人员自身太想赢，销售人员太希望一切都能按照自己的思路走。当客户不按照自己的思路出牌的时候，销售人员因为没有能力处理和客户之间的关系，就产生气恼的情绪，这对成交来说是非常不利的。

例如，你认为客户已经答应了要签约，突然客户又改变了态度，表示自己不想签约。出于本能，你很气愤，原以为自己已经赢得了这个客户，现在又莫名其妙地要失去了。于是，你指责客户不守信用、出尔反尔。当你的指责一出来，对方受到了攻击，更加气愤，这一单生意就再也没有回旋的余地了。

因此，最好的反应是让对方把话说完。对方改变了原来的决定，一定有其理由，只有了解了真实的理由，下一次你才能够规避同类事件的发生。你可以引导对方多说，从对方滔滔不绝的话语中，你可获得新的信息，从中找到新的机会。你耐心地听还能赢得客户的尊重，为下一次合作做铺垫。

小勇创业做家装公司。经朋友介绍，他接触到一位有需求的大客户陈先生。陈先生和小勇第一次接触，听小勇提起家装设计的理念和方案，当场就表示很满意。

到了中午，小勇想和陈先生一起吃个午饭，就装修流程再进行一定的讨论和交流。于是，小勇就和陈先生聊到了吃什么。

陈先生说去吃粤菜，问小勇觉得如何。小勇说，吃什么都无所谓。陈先生眉头一皱，又问小勇："你平时自己做饭吗？"小勇说，工作太忙，从不做饭。

陈先生当场就面露不悦。后来，吃饭的时候气氛也是闷闷的。到了下午，陈先生找了个借口离开了，也没有和小勇签这一单。

而小勇心高气傲，他并没有去找陈先生再次跟进和沟通，而是暗暗地觉得陈先生还会回来找自己，他绝不做先低头去“求”对方的人。而且，在小勇看来，陈先生是个反复无常的人。直到有一天，小勇知道陈先生和别的家装公司已经签约，才想到去找自己的朋友问一问原因。小勇还感慨，陈先生如此反复无常，真不明白他是怎么把事业做大的。

小勇的朋友不明就里，后来找陈先生一了解，才知道了事情的原委。原来，陈先生不但是位大企业家，还是一位圈内有名的美食家。他非常热爱生活，常常召集朋友到家中吃饭。兴致高的时候，陈先生会亲自下厨款待朋友。陈先生起初对小勇非常满意，可是当他和小勇讨论起要吃什么的时候，小勇一副无所谓的态度，让他觉得小勇满心只想着签单，根本不享受两个人接触和交流的过程。而当他问到小勇是否做饭的时候，小勇的回答让他非常失望。在陈先生看来，一个自己不做饭的人很难把厨房设计得科学、合理又非常好用!

小勇经朋友一提醒，才发现不是客户太难缠，而是自己的推销水平太低。他很痛心自己太骄傲、太想赢了对方，想让对方主动来找他，以至于没有及时找陈先生沟通。他多想告诉陈先生，虽然自己近期工作太忙没有时间做饭，但是在国外学习期间，他靠自己做的饭菜征服了无数同学，他对于做饭的熟悉足以让厨房的设计精彩、实用。

在这个案例中，我们发现，太多对客户的抱怨来源于我们不了解客户的想法，太多次的不能成交来源于我们总希望对方能按照我们期待的方式来合作。

我们销售产品是为了取得更大的胜算，哪怕真的遇到刁钻的客户，也要学会应对。

例如，有这样一类客户，他们让你看不出他们是否真的有购买意向。当你往前进的时候，对方表现得冷淡，让你尴尬；当你往后退的时候，对方又开始询问商品的情况。在你们沟通的过程中，你常常感受到压抑，因为对方很少说正面鼓励的话。在对方看来，“你想赚我的钱，就要给我提供非常高的情绪价值。是你来迁就我，而不是我来迁就你”。

遇到这样的客户，你可以用两种方式来面对，一种方法是静，另一种方法是动。

静的方法是，无论对方如何说话、以什么样的态度说话，你就是不生气、不反驳，甚至不回应。有时候，静静地听完，微笑即可，因为如若口舌上的争辩你赢过了他，但因此失去了交易，你还是失败了。

当然，这个过程并不是被动的忍受，你的态度虽然是静的，但是大脑必须是动的。例如，对方说：“你一看就是刚入行的，你这么年轻懂什么？我怎么能把这么大的业务交给你来做？”

你不必和对方争论你的价值，也不必对对方的逻辑感到气愤，更不必觉得对方瞧不起你。你可以沉着地说：“您的眼力真好。我的确刚做这个行业不久，客户也不太多，但是靠着我的真诚，上个月我成交了两个大单。目前，老业务员手上的客户太多，打理客户的精力自然没有我的多，我会投入更大的精力来为您服务。”

“动”的方法是，用强烈的价格波动来刺激对方。例如，当对方一直“钓”着你的时候，你可以用自己的方式刺探他的真实想法。你可以告诉对方，这个月你的产品维持原价，下个月将会涨价。如果对方对这条消息无动于衷，你基本就可以在他的身上少投入时间了。

亮出底牌等于自杀

销售人员对待客户要真诚，但在与客户的谈判过程中，也要保持必要的手段。

小白刚从事销售工作不久，靠着勤奋和诚恳，谈了三个优质客户。可是，第一个客户在最后要签约的环节和小白没谈好，小白认为这是偶然现象。他接着用同样的方法谈第二个客户，令小白没想到的是，第二个客户到了最后一步也放弃了和自己的合作。于是，小白只好请自己的领导顾先生出马，帮助谈第三个客户。在与客户交谈的过程中，小白通过对比，发现了自己和顾先生的差距。

首先，顾先生明知道小白前期已经和客户取得了不错的联系，可是最后要谈合作的时候，顾先生没有像小白那样和客户约在咖啡厅谈业务。顾先生认真地询问了对方的时间安排，他要和对方就一些关键的细节进行会议讨论。

小白听到对方要来开会的人特别多，于是就给顾先生提议不要开会了，并且开始抱怨对方太麻烦，还来那么多人，会议室也容纳不下。

听到小白的抱怨，顾先生没有批评小白，而是迅速安排小白在附近找到了一处可以开会的地方，然后迅速确认会议的到场人员。并把最近的停车场也找好，让小白提前把停车场的位置和自己这一方参加会议的人员都告知客户。小白看到顾先生的安排，觉得自己之前的抱怨毫无价值。

顾先生的做法非常专业，合作是一件很严肃的事情。你可以和客户在高尔夫球场增进了解，可以和客户在 KTV 试图建立起熟悉的感觉，还可以像老朋友一样在客户的家里和客户聊天……但是到了谈关键点的时候，如果你还没有和客户熟到将来不论发生什么事，你都能一个电话摆平的程度，最好用正式的形式和对方谈妥。

而且，当对方来的人越多的时候，越意味着对方消耗的人力越大，也就是说对方的诚意越足。小白非但不应该拒绝对方，而且还应该看到对方对产品是存在着切实需求的。

开会的时候，顾先生和对方要讨论到的最大问题就是报价。提到报价，小白就有点不好意思，仿佛之前和客户已经有了朋友的感觉，就不能再提高报价了。所以，当小白听到顾先生报出了一个高价格的时候，心里着实一惊。他看到顾先生从容的表情，又看到对方也并没有因为高价格就愤然离场，不禁心中佩服顾先生的老练。

为了显示诚意，小白之前与客户商谈，每次都直接给对方底价。可是，对方没有一次领情的。前两任客户在小白看来都“不知足”，小白已经给出了底价，对方还是有诸多不切实际的要求，于是两次合作都没有谈成。

顾先生没有用给出底牌的做法，不但是对自己的保护，更是对客户的保护。试想，当你给出了低价的时候，对客户而言意味着什么？意味着客户毫无反抗的余地，他必须老老实实地遵守你的“一口价”。尤其在对方来的人员众多的情况下，你更是让客户毫无谈判的尊严。所以，要切记：绝对不用担心因为价格报高了可能无法成交，就算你的价格报低了也不见得会成交，但你价格报高就有调整的空间，你和客户之间就有了更多的交流。

客户听到报价之后，虽然没有生气，但是顾先生的高价格显然还是让对方有点措手不及。于是，客户明确对顾先生表示，报价和同类公司相比，有点高了。

这种情况下，顾先生及时采取了应对的方案。他将自己的产品和同类产品进行了一定的对比，突出产品以及与产品销售相关的所有优势。例如，产品的制作非常精良，市场的需求量很大，同类产品的功能性没有本公司的产品强……

小白当时心里疑惑，为什么这些此前他都已经和客户沟通好的事情，顾先生还要说一遍？在顾先生看来，既然对方不是一个人，而是一个团队，他就必须“王婆卖瓜，自卖自夸”，把自己产品的好处说透，说到客户团队的每一个人心里去。毕竟，对方团队中只要有一个人不满意，生意就有可能谈不成。反之，团队中只要有一个铁杆粉丝，那么自己赢的概率就会增加。

客户频频点头，表示认可顾先生介绍的产品优势，但是对于产品的报价，他们还是希望顾先生能够下调。

此时，顾先生做了一个定价拆分，让小白大开眼界。顾先生把产品以部件的方式报出来，这样一方面显得细致到位，不欺骗客户，增加客户的信任；另一方面，通过对单项部件价格的对比，客户也会比较容易接受价格。

顾先生把产品的优质部分的价格抬高，在产品的特殊结构和精湛工艺的部分把价格提升，而在包装的价格上以低于所有市场报价的方式进行报价。这样虽然报价很高，但是客户还是觉得货真价实，报价不虚夸，丝毫没有引起客户的反感。

关于合作的会议结束后，顾先生知道，对方肯定还是会想办法通过市场对比来协调降价，但是顾先生胸有成竹。小白却不能肯定此次合作完全落定。顾先生告诉小白，这个报价稳妥的方法在于，客户再去市场比价格，一定会发现，其他的产品即使产品价格比我们的低，但是包装比我们的贵。这样，当客户用低价格的包装去和各个竞争对手砍价的时候，没有人能够用这么低的价格做下来，反而会显得竞争对手们华而不实。

就这样，在顾先生成熟的操作中，双赢合作最终达成。

放下无价值的面子

销售人员的面子是由你为公司创造的价值决定的，越多人购买你的产品，就能解决越多人的问题，你自然而然越有面子。反之，碍于面子完成不了业绩，则是对自己职业的不尊重。

很多销售人员都克服不了面子问题，以下三种情况尤其突出。

第一是该拉下面子进行专业的商业谈判的时候。

当客户对你们的合作提要求的时候，你有没有痛快地说“好”？越快答应的事情越没有价值，此时，你的面子并不是自己赚来的，而是你牺牲公司的利益得到的。

小张大学毕业不久，就有机会为李先生工作。李先生非常欣赏她的学习能力，所以给了小张很大的工作弹性和决策权。

一天，小张得到一个邀约，某家企业想邀请李先生去企业讲课，该企业的邀约人王小姐显得诚意拳拳。小张查了一下李先生的时间安排，发现李先生的时间可以排开，于是就答应了王小姐的邀约。

接下来，两人在细节的沟通过程中，王小姐表示无法提供机票支持，只能报销往返的高铁费用。小张毫不犹豫地答应了王小姐，因为她记得上一次李先生出差讲课乘坐的交通工具就是高铁。

最后，王小姐又表示无法提供五星级酒店的住宿条件，只能提供快捷酒店。小张想到李先生有一次去外地参加一个慈善活动，住的条件很差，远不如快捷酒店，但是李先生没有任何架子，丝毫没有为难主办方。所以，小张就答应了王小姐的条件。

李先生知道这次的安排之后，并没有多说什么。他不但去讲了课，还耐心地为对方提供了超值的知识服务。小张一直以为自己做的是正确的。

直到有一次，李先生和他的一个熟人老陈谈合作，小张才发现自己不成熟的地方。老陈也是先对李先生恭维了一番，然后提出了交通工具可否由飞机改为高铁，随行人员可否由两个人改为一个人。李先生并没有直接拒绝，而是提出讲课的地点距离机场并不远，坐飞机能节约时间，这将有助于他状态更好地讲课。至于两名随行人员，李先生也简单地讲述了一下两个人的分工和起到的不同作用。李先生寥寥数语让老陈当场拍板，一定会为李先生提供三个人的往返机票。

老陈不是"省油的灯"，因为李先生强调了时间的重要性。紧接着，老陈就向李先生提到上课的地方附近并没有五星级酒店，去最近的五星级酒店往返要花费很长时间。既然如此，可否就近安排李先生的住宿，只是住宿条件没有五星级酒店的待遇。

李先生听完，表示非常理解，他完全同意就近安排酒店。毕竟，节约往返酒店的时间，是为了有更多的时间和学员在一起学习、交流，一切都应该为培训效果服务。此时，李先生话锋一转，提到怎么样能让培训效果更佳。他提到，充足的时间可以让他更了解学员的问题，达到更深层次的交流和指导。因此，与其一个月培训一次，远不如一个月培训两次，然后一次性培训半年，达到的效果会更好。就这样，老陈在不知不觉中，由购买一次课程，变成了购买半年的课程。

合作的大致情况已经谈完，就当一切都要尘埃落定的时候，李先生看着老陈，真诚地说："其实，我认为你应该让每个学员都买一本我写的书。"老陈犹豫了一下，说："我们没有这样的预算。"李先生说："如果每本书我都单独签名，并留下我的邮箱地址呢？"最后合作敲定的时候，老陈给每个学员都采购了一本李先生的书。

小张这才意识到自己和王小姐谈事情时的种种不成熟。对比李先生的专业能力，小张发现自己有三个方面做得不足。

一、碍于面子不肯拒绝对方，因为担心对方评价自己"架子大"，而同意将交通工具由飞机改为高铁。这样不但不能为李先生节约时间，也等于否定了自己之前的要求。

二、在对方提出更多要求的时候，小张显得毫无招架能力。李先生的做法是和对方交换条件，在对方提出无法提供五星级酒店住宿的时候，李先生趁机引导对方将课程采购量加大。

三、在合作马上快要完成之时，要乘胜追击，因为对方已经和自己达成了大的共识，小的交易条件只要稍微努力就可以达成。但如果销售人员碍于面子不提，这个机会就会白白地流失掉。

第二是快成交，需要顾客掏钱的时候。

很多销售人员在介绍产品和跟进客户的时候都很拼，只是到了该迅速让对方掏钱的时候，变得黏黏糊糊不干脆，导致最后失利。

例如，对方说："我可以买，但是你得下周再来。"

此时，销售人员千万不要傻傻地等到下周，如果眼前的订单你不迅速拿下，下周的订单更是海市蜃楼。

你可以立即跟进："对不起，下周我们公司安排我出差。这么好的产品，您早点拥有就可以早点享受生活的便捷了。这是给您开好的单子，您看下……"

对方说："我还得回去和我老公商量一下……"

你可以继续追问："您老公最关注哪方面的问题呢？"

对方回答后，你再根据她回答的内容继续推进购买，一步一步追下去，一一击破。

当我们已经把销售环节推进到后期的时候，要大胆地要求客户购买，并且敢于催款。当销售人员找对方催要货款的时候，一定要有一种自然而然、理直气壮的态度。例如，你可以直接说："李总，我下周三到您公司去找财务结账。"如果对方说："周三不行。"你就赶紧说："好的，那我下周一过去吧。"一般这么急促地催促，对方都会在下周某一天安排一个时间给你结算。

第三是让客户帮忙介绍客户的时候。

销售人员和客户的关系什么时候是最好的？一定是成交的那一刻，只有高度的认同才会让对方掏钱。人又是一种有意思的动物，也就是人们倾向于相信自己的选择是正确的。所以，当客户购买你的产品的那一刻，不要不好意思，不要怕对方认为你"利欲熏心"，抛弃一切你给自己设置的枷锁。要利用客户对你的好感和信任，马上请他帮你介绍客户，请他把所购买的产品和朋友们分享。

你可以直截了当地对他说："这次给您很大的优惠，希望您为我做做宣传。您帮我介绍几个客户可以吗？"大部分人不会说不可以。

这时候，如果对方的态度很积极、很愉快，你还可更进一步，让对方帮你给他的朋友打个推荐和介绍电话。有了对方牵线，你再联系新的客户就方便多了。

如果能坚持这么做，你就可以很轻松地找到你的客户群。

放下面子，用心销售，你就一定能拥有优质的客户群。

让步的技巧

在销售过程中，谈判是必不可少的环节。为了达到最终的目标，在一些条件上进行让步是很自然的，甚至是必需的。因为没有人会满足你开出的所有条件，所以我们要有心理准备。只是，如何处理让步才能达到以小部分利益换取大利益的效果，就需要我们理性判断，而不能率性而为了。

一般情况下，我们要有节奏地进行让步。拿价格让步来说，如果一件产品你售价 100 元，对方请你以 10 元的价格卖掉，你立马痛快地答应了，你认为对方会特别开心吗？对方会有这样的感觉：此前，你的报价虚高太多；你为人油滑，产品利润太高。这样做会降低你的信誉度，反而会让对方不敢买你的产品。即使对方贪图便宜与你成交，他也会因为你的突然降价对产品质量持怀疑的态度。

让步的节奏一般是前易后难，这也符合客户的心理需求。例如，你卖一件高价格的产品，报价 10000 元，然后调整到 9500 元，再调整到 9300 元，最后到 9250 元。

这在客户看来，你的降价趋势是十分合理的，毕竟客户的目的是逼近你的底线，你的目的是守住底线。所以，你可以有技巧地利用对方的这种心理，调整价格让步的幅度，给对方一种你已经没有让步空间的设想。

让步的技巧在于避免让步，避免出现如下三种情况。

一是时间压力进行让步。

小张在刚工作的时候就犯了这样一个错误。他谈了一个客户，客户发来邮件表示要在 9 月份敲定一家合作方。

小张对工作非常认真，这个细节他也牢牢记在心里。于是，在和客户谈判的后期，为了达成合作，他进行了很大的让步。即便如此，到了 9 月份小张才发现，客户只有嘴上着急，在行动上非但没有着急，对方甚至还找到其他的公司与小张一起竞争这次合作的机会。到最后，真正完成谈判、签约，已经拖延到了 10 月份。

当时的小张怎么也不明白，对方明明是大公司，对手也是业内很专业的人士，为什么不遵守时间约定呢？当他再回头看邮件的时间，才发现对方的邮件中虽然强调9月份是一个关键点，但是言辞上却非常有节制，对方所说的是“我们期待在9月……”正因为对方足够专业，才会熟谙谈判的规则。

当我们和对方谈合作的时候，一定会互相告知一个时间节点。例如，何时签合同，何时项目要启动，何时要使用产品。要牢记，这个时间只是弹性时间，并不是真实的时间。我们只有对这一点有所警惕，才能避免在实际工作中出现错误。

二是利用情绪使你让步。

销售人员总是希望客户保持一种愉快的状态才能促进成交，可是，客户却会使用一种情绪化的态度迫使你做出本来不想做的让步。例如，对方对你的价格表示非常“气愤”，告诉你别人已经出了非常低的价格，并因此指责你为人不实在，说得比唱得好听，等等。

面对这种情绪压力，很多销售人员都无法招架。其实，我们完全可以按照一定的流程来处理。首先，先冷却处理，无论对方有多火冒三丈，我们都要先将自己抽离出去，等对方冷静的时候再上门拜访。其次，客户发火的时候，以静制动，采用不应对的应对。也就是说，听他说完所有的话，再表示会参考对方的意见进行下一步工作的处理。再次，当对方的攻击性火力加强的时候，提醒对方他的行为代表着公司行为，请将不满的地方和工作的安排进行邮件告知。最后，不论对方出现了什么状况，你都可以用记录代替让步。你可以拿出小本来，开始记录对方说的话：一方面，当对方看到你开始记录他说的话，即使对方是存心找碴儿，也会因为你的尊重行为而有所收敛；另一方面，当你开始记录的时候，他就开始为自己的言论负责任，就不敢随意指责。当他开始动脑字斟句酌地思考自己的讲话时，他还有什么余力去愤怒呢？

三是虚假信息导致让步。

我们绝不提倡给对方提供虚假的信息，但是我们不能不提防客户有此行为。例如，有的客户故意接打电话聊一些别人给的价格，或者故意留一些文字资料在你的视线内，让你看到一些竞争对手的售价。这种利用已成交者最高成交的成交单来诱导并让你知道，一样的产品他买的价格比别人低的情况，是一种比较简单却能直接刺激销售人员降价的做法。

此时，不论你从客户那里得到了什么信息，都要提醒自己：不完全相信单一方面的信息，更不要因此做让步的决策，要在两方谈判前对对方提供的情况进行尽可能的调查、研究。当谈判中客户给出你信息的时候，你一定要去寻找到第三方的验证，这才是正确分辨信息真伪的方式。

尤其针对价格，即使对手明确告诉你他的底线是 5000 元，你也不要相信对方，因为有时候老板也不会把真正的底线告诉给下属。老板发现当他告诉下属采购价格最高可以接受 6000 元的时候，最后的成交价就是 6000 元，所以老板有可能能接受的价格是 6000 元，但是他告诉下属以 5000 元成交。因此，价格是完全有可能浮动的。

把赢的感觉给对方

销售人员与客户之间要保持一种动态的平衡。这种平衡意味着你不但要满足自己的利益，而且要满足对方的利益。如果你追求的利益过大，以至于伤害到对方的利益，那么此次销售你赢了一次，却输了未来。当双方利益发生矛盾的时候，销售人员更要学会应对和处理矛盾，并且牢记在这个“你退一步，我进一步”或者“你进一步，我退一步”的游戏中，让对方有一种赢的感觉。

“让对方有赢的感觉”是很多老销售人员谈判时关照不到的一点。因为老销售的工作经验十分丰富，所以他们更知道某些条目的不可更改，谈判的时候就容易强势地拒绝对方，例如明确告诉对方“不可能”“做不到”“根本不行”。

销售的难度往往在于当客户发生变化的时候，你的思路还没有转变过来。销售人员对人的洞察能力的提升也几乎是无止境的，老司机开车有经验，老销售人员谈判时却不能完全依赖资历。当对手不按常理出牌的时候，老销售人员照样得好好谈合同，给对方一种赢的感觉。

让对方有赢的感觉，并不是让对方赢，而是给对方的心理减压，从而更快地促成合作。

王先生是一位谈合作的高手，他让客户在整个过程都感觉自己是十分聪明的。例如，很多谈判理论都讲到，要让对方先报价，所以聪明的客户就强烈要求王先生先报价。王先生并没有拒绝，他答应了对方的要求，由自己先报价。

只是王先生的报价高，反而钳制了整个价格的空间。有意思的是，客户听到王先生的报价后非但没生气，还准备和王先生立即见面再讨论一下合作的情况。原因是王先生给了高报价之后，还给了一定的“可以还价”的鼓励。他对客户说：“我们公司平常给别人的价格是 80 元，但是每次的价格要根据订货量来调整，你告诉我你需要多少货吧。”王先生这样的处理方式，看似服从了对方，却又给了自己很大的弹性空间。

随着和客户的接触，王先生和客户关于合作展开了更多的讨论。当客户强势地要求王先生一定要在某个时期交货的时候，王先生并没有气恼，反而展示了自己对客户的关心。他邀请客户喝茶，并询问对方缘由。当对方和王先生说明理由之后，王先生并没有见缝插针，借此抬价，而是当场表态："我们一定会想出办法解决问题的。"

再次见到客户后，王先生果然给出了解决的方案。他如实地向客户分析了现有的情况，然后耐心地告诉客户，如果他所在的公司能够把某部分业务外包出去，就能在客户要求的交货日期交货。

客户听到王先生的解决方案后，觉得不失为一种好的方法。只是，客户担心外包的业务无法保证质量。王先生告诉客户，他所在公司的人可以负责监督外包公司的制作和质量。当然，公司员工已经高负荷工作，所以公司也一定不会亏待这部分员工，会给这部分员工高水平的薪资待遇，来保证员工积极完成这部分额外的工作。只是，关于这部分外包的业务，会产生一定的运费成本。这部分运费成本，希望客户能够支付。王先生的话说得合情合理，令客户无法说"不"，而且解决方案也很到位。

每当客户给出难题的时候，王先生从来不抱怨对方把难题抛给了自己，而是用一个个解决方案让客户彻底变得没有抵抗力。试想，谁不想和一个从来不对自己说“不”，当自己有了问题总是能够顺利解决的合作方合作呢？

王先生用高质量的服务和耐心，让客户觉得自己始终是赢的，王先生始终是为自己服务的。

到最后，客户支付给王先生的总费用比其他合作方要高很多，但是客户始终没有感觉王先生有什么令人不舒服的地方，反而觉得王先生为人实在、热诚。在王先生帮助客户解决一个个问题的过程中，每一次都产生了“隐形”的费用。只是，客户已经对王先生产生了依赖，所以支付起来非但没有觉得自己吃亏，反而觉得是自己占了王先生的便宜。

例如，在谈到最敏感的价格问题时，王先生的报价是单价 80 元，当王先生和对方的报价谈到了 76 元成交的时候，对方也不再坚持最初的 70 元成交了，而是希望 74 元成交。王先生知道即便 74 元成交，自己也是有利可图的，但是他并没有马上改变主意，而是一直和对方说，很想一起合作，真希望价格问题得到解决。

就这样，王先生没有提价格，却一直表示出合作的热情，让对方终于主动提出了 75 元成交！王先生也没有立即答应，而是表示要回公司再次请示。在第二天的时候，王先生答应了对方的要求，最终以 75 元成交。

这就是王先生高超的谈判技巧。他每一步看起来都并不咄咄逼人，每一步都释放了巨大的善意来顺应对方的要求，可是对方的每一次反应却早已在他的意料之中。

王先生是此次合作的大赢家。他用自己的耐心，让实际上锐不可当的自己看起来处处都在满足客户的要求。在多支付了钱的情况下，客户还感觉是自己赢了王先生。

这样的案例在销售场景中并不少见，让你的客户始终在一个良好的赢了你的感觉里，可以为下一次的合作更好地服务，尤其对那些对讨价还价有执着心的客户而言。他们将会对价格无限度地压低，而销售的正确方法就是每当对方压低价格时，你都为自己争取一点利益。即使是微不足道的利益，也可以帮你阻挡对方凶猛的进攻。例如，当对方要求降价的时候，你表示那你只能延长交货时间，或者你需要对方增加第一笔支付的金额。

最后还要记住，当你妥协之后，要说几句类似赞许对方的话，满足一下他的自尊心。比如可以这样对他说：“这么低的价格，可是从来没出现的。”或者说：“没有办法啊，您太擅长谈判了，只好最便宜卖了。”这样的说法让他觉得他占了最大的便宜，还说明对方在你心中并不是一个小气的人，而是一个有谈判能力的高手，这样的形象是他乐于接受的。

别被诱惑牵着走

每个销售人员都向往开大单，但是大单有时候却是更大的陷阱。

如果销售人员准备不好与之匹配的心态，就容易被大诱惑牵着走，孤注一掷，得到的效果并不好。

小刘接到了一个大的订单需求，对方表示需要 2000 件货物，同时也要求低折扣发货。小刘一想这么高的订货量带来的丰厚提成，就迅速答应了对方的低折扣。

可接下来却越来越不顺利。例如，在交货方式上，对方提出 2000 件货物无法存储，要求小刘所在的公司帮助存储，每次要临时根据对方的需求发货。在付款方式上，对方提出货到付款，而且按照件数付款。在运输方式上，对方要求当对方提出需求后，三天内必须到货。

对方的要求越来越多，小刘从一开始的满口答应到后来开始解释、对抗，越谈越吃力。

当所有的条件浮现在水面上的时候，小刘才发现，这并不是一笔好的生意。从成本来看，利润空间小，为了接到大单，小刘给客户超低价，利润低到极点。运费成本高，从发货地到收货地，路途遥远，满足三天内到达，运费成本由小刘所在的公司承担。库管成本高，对方把存储货物的压力转移给了小刘所在的公司。

这个订单，利润低、风险大，尤其是客户提出的货到付款、不支付订金，这个大订单等于订而未订。可是，小刘面对 2000 件的货物量，还是再次向公司申请发货。理由是，这样的大客户并不多见。

所幸小刘所在的公司有成文的规定，发货前一律要求客户支付的订金达到总货款的某个百分比才肯发货。公司坚持了这个规定。这一单打击了小刘的积极性，小刘沮丧地告诉了对方，公司墨守成规，不肯发货，这一单生意是做不成了。

没想到，过了十天，对方再次打电话表示：只要小刘所在的公司肯答应低折扣发货，订金可以提前给；2000 件货物可以在合同上约定在三个月内全发完；物流可以延长时间，只要一周到货即可。

小刘没想到以前他苦苦解释，希望对方让步而对方坚决不让步的事情，在自己冷落了对方后，对方居然已经替自己想好了所有的应对办法。

在这个案例中，小刘看起来并不是一个聪明人，但实际上小刘以往的工作都能够表明他是一个精明的销售人员。是什么让他在这一次合作的过程中，明知不是一个好的合作项目，还如此盲目、固执？是对大单的冲动，让他失去了冷静。

销售人员在面对客户的时候，如果有一颗急功近利的心，那么再好的公司背景、再好的产品都不能为你的谈判加分。你必须明白，小单里也能孵化出大生意，大生意也未必意味着高利润，保持这样的清醒态度才能让自己远离风险。

如果小刘能够冷静地看待这一单，他最不应该先答应的就是低折扣发货，毕竟谈判得到的利润就是企业的纯利润。十天后，客户又回头找他谈合作，证明他给的低折扣已经到了行业的底层。小刘在这次合作中，应该让对方把所有的要求全部列到纸上，而不是给了对方巨大的优惠后，还给了对方蚕食自己的机会。

小刘完全可以先谈其他的条目，在其他的条目上进行有节奏的让步。这样的让步会让对方感觉谈判还在进行，合作正在朝向一个有利的方向发展。

关于最后的折扣，应该想办法和对方见面谈，想办法让对方来自己所在的公司谈。当对方付出了一定的人力成本和时间之后，对方就会更加期待合作谈成。这样，小刘就没必要给对方最低的折扣，而是可以在付款方式和交货方式的条目谈判上给对方一定的优惠，达到项目的一个动态的平衡。

销售人员谈客户的时候，往往想到的都是利润和自己的业绩压力。他们没有意识到对方手里拿着钱也是有压力的，他们非常希望寻找到质量可靠的产品。如果你能让对方知道你的产品质量有多可靠，你的价格自然就不必一直往下调。此外，当你不被诱惑牵着走的时候，你就多了很大的耐心，你就可以给客户制造一定的压力。

例如，让对方增加时间成本的投入。当对方耗费在产品上的时间越来越多的时候，他倾向于选择你的可能性就大大提高。当你告诉对方产品的制作周期很长，同时也要为另外的大客户抓紧生产的时候，他做决策的速度就会提高。当你对客户越来越了解的时候，你和客户走得越来越近，客户就会产生一定的情感压力，在有些对客户不重要对你很重要的事情上，客户就不会太坚持。

最后还要提醒销售人员：在你的客户名单里，尽量保持大、中、小客户都要有，不然你面对大单的时候就会失去冷静，孤注一掷。

在竞争中学竞争

销售人员不可避免地要面对残酷的竞争，在公司内部、外部都存在竞争。销售人员始终要明白的一点是，无论与谁产生竞争关系，你都无法从根本上击垮你的对手。只有在竞争中学竞争，让自己的心态更平稳，让自己更懂得目标客户的需求，你才能在竞争中发展。

要相信没有你撬不动的大客户，你的对手曾经打动过这位客户，你和你的产品同样有机会用一定的方法打动对方。

小苏从事保健品销售，有件事情给了他很大的触动。

他向一位潜力顾客王先生介绍了保健品的优点。王先生提出了很多问题，小苏都一一解答了。

例如，王先生询问："你们的产品这么好，为什么医院里没有卖的？”

小苏回答：“因为保健品不是药品，所以医院里不允许销售。”

王先生询问：“我平时很注意补钙，经常喝骨头汤，还有必要补钙吗？”

小苏回答：“补钙并不难，补钙的难点在于让身体吸收钙。我们产品的好处在于帮助您的身体吸收。”

小苏觉得自己对产品的介绍非常到位，令他意外的是，王先生最后却从自己的同事孙小姐那里购买了产品。

销售不是死板的一问一答，销售是动态的沟通。

当他用心关注孙小姐与客户的沟通时，他发现了其中的差距。

孙小姐在沟通时，总能把自己的关注之情自然而然地注入话语之中。

当对方问她某一产品的作用时，孙小姐在回答之前会先关心地询问对方一个问题：“您平时的饮食结构是什么样的？”

接下来，孙小姐就针对对方说的个人饮食特点来分析服用哪一个产品效果最好。

这样的回答就不再是小苏的机械式回答——虽然没有什

么错误，却让人感受不到对对方的关心和重视。

对方问："服用了这款产品，是不是皮肤就一定会变好？"

孙小姐说："产品再好也要结合您自身的情况来一起发挥作用。我想请问您一下，您平时熬夜吗？"

对方回答："经常加班。"

孙小姐接着说："我建议您搭配另一个产品一起使用，因为……"

最后，小苏还发现，孙小姐卖出产品后，还会定期给她的客户打电话，关心她的客户。例如："您最近要多注意休息，少熬夜。""上次，您说想改变一下自己整天坐着不动的方式。现在，您一周可以跑步一次吗……"

有了孙小姐的监督和关心，很多客户居然开始依赖孙小姐的检查和督促，期待孙小姐的来电，并多次从孙小姐那里购买保健品。

小苏在对比中发现了工作中的差距，也学会了在竞争中学习更高超的销售手段。

对于销售人员来说，竞争无时不在，你的产品也在面临激烈的竞争。好的销售人员不但会严格要求自己提高销售水平，还会收集必要的信息，让自己应对顾客的时候显得更专业、从容。小王从事家用电器的销售，平时他不但能热情地对自己的客户，还会花时间了解其他品牌同类型产品的情况。一有休息时间，他就会到各个专卖店和商场去转一转。这样，他就会看到其他同行是怎么推销的，而且看得多了，他还能够更了解顾客。

有的顾客总喜欢拿不同品牌的产品进行对比，还会说其他的产品价格有多低。如果销售人员没有清楚地了解这些情况，面对顾客时将会非常被动。

最后要说的一点是，销售人员无论和谁竞争，本质上都是和自己竞争。你的竞争结果取决于你对自己做了什么。小丁希望刘先生采购他的产品，他推销的高价格的产品当然需要多次拜访刘先生。第一次拜访刘先生的时候，刘先生很不耐烦；第二次拜访刘先生，刘先生态度也很冷淡；第三次拜访刘先生时，他发现刘先生对自己有了一点印象；第四次，刘先生直接拒绝了小丁；第五次，刘先生决定听一听小丁介绍产品……第四次和第五次就是这样，剧情急转直下。主要是我们要能够在第四次受挫折的时候，以良好的精神状态准备迎接下一次机会。

成交后制造安全感

用较高的价格成交，成交后维持良好的关系和服务，将大大提升客户的满意度。只可惜，有的销售人员恰恰把这个流程做反了：有的销售人员没有能力将产品利润最大化，成交后当然就动力不足，对客户冷淡。当客户有问题的时候也推诿逃避，导致客户满意度降低，更别提客户带客户了。

王先生从事灶具销售工作，当他将高价格的灶具卖给顾客的时候，从不降价。

在他的经验里，只要他把产品介绍到位，顾客就会“放弃抵抗”。

有一类顾客会明确地告诉王先生，他们不打算买特别贵的灶具，王先生店里的东西的价格已经超出了自己的预算。

对这类顾客，王先生从不在乎对方的态度看起来有多坚决。王先生对比高价格灶具和低价格灶具的不同特点，给顾客耐心地讲述。讲述的时候，王先生语重心长地对顾客说："我在这里开店十多年，我每次都提醒来我这里的顾客，一定要买安全性最强的产品。即使顾客不在我这里买，我还是希望他买最安全的产品。因为这个工作做得越久，我越知道其中的利害。不出事当然大家都好，可灶具万一出了问题就没有小问题。"当顾客看着王先生泛白的头发的时候，他们就会放弃原来的预算计划，相信王先生的专业推荐。

还有一类顾客，即使要买贵的灶具，也一定要求王先生打折。

对这类顾客，王先生从不打折。他懂得当对方对安全足够重视的时候，就会很倾向于选择他销售的灶具。王先生销售的产品信誉度高，店面开的时间够久，售后服务又做得好。大家都知道他不但销售灶具，还非常擅长维修灶具。

王先生对价格的坚持从不动摇，但他拒绝顾客的同时也会告诉对方：如果您选择我的产品，我会腾出时间配合您的时间，亲自给您安装；并且，将来在使用过程中有任何问题，请随时打电话给我，我把自己的私人电话留给你。

这类顾客的特点就是为了得到额外的利益和照顾。当王先生把售后无忧的解决方案提出来的时候，对方就已经感觉到心理上的满足，也会放弃对价格的坚守。

王先生对待这两类顾客都做到攻心为上，在顾客掏钱之后，让顾客感觉对方的服务还没有结束，进而感觉自己的钱花得很值，有一种物超所值的感觉。

王先生的销售工作做得如此顺畅，得益于他完全掌握了产品的特点和顾客的心理。一般来说，当顾客购买自己不能够完全掌握的产品的时候，顾客会放弃对价格的考虑。王先生利用自己的经验、知识和背景，帮助顾客做参谋，帮助他们挑选灶具，避免安全隐患。而且，从话术的角度来看，王先生提高了自己的价值，也关照到了对方的感受，不但没有打折，还让顾客满意而归。

很多销售人员的客户量不够的原因在于，他们过高地估计了一次的利润，却没有重视与客户的关系。拿王先生来说，他通过后期服务再巩固与客户的关系，使客户始终处于一种安全感中。这会促使客户快速交钱，也会让客户对价格心服口服，再给他介绍新客户。

有的销售人员在成交之前，和客户的关系并不深厚，但有心的销售人员就会明白，成交后推动关系的机会正在到来。这是因为客户没有购买你的产品之前，你们两个人是陌生人，但是当客户购买了你的产品之后，他和你就有了一定的联结：他是你的客户，你对客户表示关心就不会显得有功利心和企图心。方法其实很简单。当公司有打折活动或者有小礼品赠送的时候，也许价格并不高，但只要你想到对方，打个电话询问一下对方是否需要。这样向对方示好的方式不会引起客户的反感，还会让客户更加感受到你的关心。

这里还要强调的一点是，当客户购买了你的高价格产品之后，一定不要在成交后迅速撤退。不要让客户有种“卸磨杀驴”的感觉，要保持在客户那里的活跃度，至少在两个星期内让客户有种随时能见到你的安全感。